令和 5 年度予算の説明

この説明及び付表は、国会における予算審議の便に供するため早急に作成したので、計数その他訂正を要する場合もあることを了承されたい。

　また、4年度の計数は、特に説明のない限り、補正予算（第2号及び特第2号）による補正後の改予算額（計数の上段に付したかっこ書きは、当初予算額）であり、5年度予算額との比較対照のため、組替え等をしてある。

　なお、計数は、原則としてそれぞれ四捨五入によっているので、端数において合計とは合致しないものがある。

（符号：原則として「0」＝単位未満、「―」＝皆無）

目　　　次

令和5年度予算の説明

第1　総　　説

1　予算編成の前提となる経済情勢及び財政事情

（1）経済情勢

　我が国経済は、コロナ禍からの社会経済活動の正常化が進みつつある中、緩やかな持ち直しが続いている。その一方で、世界的なエネルギー・食料価格の高騰や欧米各国の金融引締め等による世界的な景気後退懸念など、我が国経済を取り巻く環境には厳しさが増している。政府としては、こうした景気の下振れリスクに先手を打ち、我が国経済を民需主導の持続的な成長経路に乗せていくため、「物価高・円安への対応」、「構造的な賃上げ」、「成長のための投資と改革」を重点分野とする「物価高克服・経済再生実現のための総合経済対策」（4年10月28日閣議決定）を策定した。その裏付けとなる4年度第2次補正予算等を迅速かつ着実に実行し、万全の経済財政運営を行う。こうした下で、4年度の我が国経済については、実質国内総生産（実質GDP）成長率は1.7％程度、名目国内総生産（名目GDP）成長率は1.8％程度となることが見込まれる。消費者物価（総合）については、エネルギーや食料価格の上昇に伴い、3.0％程度の上昇率になると見込まれる。

　5年度については、物価高を克服しつつ、計画的で大胆な投資を官民連携で推進するなど新しい資本主義の旗印の下、我が国経済を民需主導で持続可能な成長経路に乗せるための施策を推進する。こうした取組を通じ、5年度の実質GDP成長率は1.5％程度、名目GDP成長率は2.1％程度と民間需要がけん引する成長が見込まれる。消費者物価（総合）については、各種政策の効果等もあり、1.7％程度の上昇率になると見込まれる。ただし、引き続き、海外景気の下振れが我が国の景気を下押しするリスク、物価上昇や供給面での制約、金融資本市場の変動等の影響に十分注意する必要がある。

（付表12「令和5年度経済見通し主要経済指標」参照）

（2）財政事情

　我が国財政は、債務残高対GDP比が世界最悪の水準にある。高齢化の進行等に伴う社会保障関係費の増加等の構造的な課題に直面しており、新型コロナウイルス感染症対応や、累次の補正予算の編成等により、一層厳しさを増す状況にある。こうした中、「経済財政運営と改革の基本方針2022」（4年6月7日閣議決定。以下「骨太方針2022」という。）等に沿った取組を着実に進めていく必要がある。

2　5年度予算編成の基本的考え方

　5年度予算編成に当たっては、「令和5年度予算編成の基本方針」（4年12月2日閣議決定。以下「基本方針」という。）に基づき、次のような基本的考え方に立って編成することとした。（以下基本方針（全文は〔参考〕に掲載）からの抜粋を基本としている。）

（1）

　5年度予算編成に当たっては、4年度第2次補正予算と一体として、基本方針における基本的考え方及び骨太方針2022に沿って、足元の物価高を克服しつつ、経済再生の実現に向け、人への投資、科学技術・イノベーション、スタートアップ、GX、DXといった成長分野への大胆な投資、少子化対策・こども政策の充実等を含む包摂社会の実現等による新しい資本主義の加速や、外交・安全保障環境の変化への対応、防災・減災、国土強靱化等の国民の安全・安心の確保を始めとした重要な政策課題について必要な予算

措置を講ずるなど、メリハリの効いた予算編成を行い、その政策効果を国民や地方の隅々まで速やかに届け、我が国経済を持続可能で一段高い成長経路に乗せていくことを目指す。

（2）　その際、骨太方針2022で示された「本方針及び骨太方針2021に基づき、経済・財政一体改革を着実に推進する。ただし、重要な政策の選択肢をせばめることがあってはならない」との方針を踏まえる。

（3）　歳出の中身をより結果につながる効果的なものとするため、骨太方針2022を踏まえ、新経済・財政再生計画の改革工程表を策定し、ＥＢＰＭやＰＤＣＡの取組を推進し、効果的・効率的な支出（ワイズスペンディング）を徹底する。

3　5年度一般会計予算の規模等

（1）　一般会計予算の規模

5年度一般会計予算の規模は、4年度当初予算額に対して67,848億円（6.3％）増の1,143,812億円となっている。

うち一般歳出の規模は、4年度当初予算額に対して53,571億円（8.0％）増の727,317億円となっている。

（付表1「令和5年度一般会計予算の概要」参照）

（2）　一般会計予算と国内総生産

（イ）　一般会計予算の規模を国内総生産と対比すると、次のようになる。

	一般会計（A）	うち一般歳出（B）	国内総生産（C）	（A）／（C）	（B）／（C）
	（億円）	（億円）	（名目・兆円程度）	（％程度）	（％程度）
4　　　年　　　度	1,075,964	673,746	560.2	19.2	12.0
5　　　年　　　度	1,143,812	727,317	571.9	20.0	12.7
5年度の対前年度伸率	6.3%	8.0%	2.1%程度	―	―

（注）　1　4年度の（A）欄及び（B）欄は、当初予算の計数である。
　　　　2　4年度及び5年度の（C）欄は、5年度政府経済見通しによる。（4年度は実績見込み、5年度は見通し）

（ロ）　なお、5年度の政府支出の実質ＧＤＰ成長率に対する寄与度は、△0.5％程度となる見込みである。

（3）　一般会計歳入予算

（イ）　租税及印紙収入は、現行法による場合、4年度補正（第2号）後予算額に対して10,950億円増の694,540億円になると見込まれるが、法人課税及び消費課税の税制改正を行うこととしている結果、4年度補正（第2号）後予算額に対して10,810億円（1.6％）増の694,400億円になると見込まれる。

また、その他収入は、4年度当初予算額に対して38,828億円（71.4％）増の93,182億円になると見込まれる。

（ロ）　5年度における公債金は4年度当初予算額を13,030億円下回る356,230億円である

る。

公債金のうち65,580億円については、「財政法」（昭22法34）第4条第1項ただし書の規定により発行する公債によることとし、290,650億円については、「財政運営に必要な財源の確保を図るための公債の発行の特例に関する法律」（平24法101）第3条第1項の規定により発行する公債によることとしている。この結果、5年度予算の公債依存度は31.1％（4年度当初予算34.3％）となっている。

（付表2「令和5年度一般会計歳入歳出予算経常部門及び投資部門区分表」参照）

（単位　億円）

1　租税及印紙収入

（1）　現行法を5年度に適用する場合の租税及印紙収入	694,540

（2） 税制改正による増△減収見込額	△	140
イ 法人課税	△	110
ロ 消費課税	△	30
（3） 5年度予算額（1）＋（2）		694,400
2 その他収入		93,182
3 公 債 金		356,230
合 計		1,143,812

4　分野別の概要

（1）　税　制　改　正

　　5年度改正については、家計の資産を貯蓄から投資へと積極的に振り向け、資産所得倍増につなげるため、ＮＩＳＡの抜本的拡充・恒久化を行うとともに、スタートアップ・エコシステムを抜本的に強化するための税制上の措置を講ずる。また、より公平で中立的な税制の実現に向け、極めて高い水準の所得について最低限の負担を求める措置の導入、グローバル・ミニマム課税の導入及び資産移転の時期の選択により中立的な税制の構築を行う。

（2）　社　会　保　障

　　社会保障関係費については、4年度当初予算額に対して6,154億円（1.7％）増の368,889億円を計上している。経済・物価動向等を踏まえつつ、「経済財政運営と改革の基本方針2021」（3年6月18日閣議決定。以下「骨太方針2021」という。）等における「新経済・財政再生計画」で示された社会保障関係費の実質的な伸びを「高齢化による増加分におさめる」という方針を達成している（年金スライド分を除く高齢化による増は4,100億円程度、年金スライド分の増は2,200億円程度）。

　　制度別にみると、まず、医療については、5年度薬価改定を4年薬価調査に基づき実施することとしている。改定の対象範囲については、国民負担軽減の観点から、4年薬価調査の平均乖離率7.0％の0.625倍（乖離率4.375％）を超える品目を対象としている。あわせて、急激な原材料費の高騰、安定供給問題に対応するため、不採算品再算定について臨時・特例的に全品を対象に適用するととも

に、イノベーションに配慮する観点から、新薬創出等加算の加算額を臨時・特例的に増額し、従前の薬価と遜色ない水準とする対応を行う。これらにより、薬剤費は、3,100億円（国費722億円）を削減することとしている。

　　また、出産育児一時金を50万円に引き上げるとともに、国費による支援措置を後期高齢者医療制度からの支援が開始されるまでの5年度限りの措置として設けることとしている。

　　介護については、「介護職員の働く環境改善に向けた取組について」（4年12月23日全世代型社会保障構築本部決定）を踏まえ、ワンストップ型の相談窓口の都道府県への設置、介護ロボット・ＩＣＴ機器の導入モデルの紹介等の取組を推進することとしている。

　　また、認知症の人への支援、認知症理解のための普及啓発等の認知症関連施策や、高齢者の社会参加・介護予防に向けた取組等の地域支援事業の推進に取り組む一方、インセンティブ交付金（保険者機能強化推進交付金・介護保険保険者努力支援交付金）について、評価指標や配分基準の重複を整理するとともに、地域医療介護総合確保基金（介護分）について、都道府県に造成された基金に積み上がった残高の活用を図り、国から繰り入れる予算を縮減する等、メリハリある対応を行うこととしている。

　　こども・子育て支援については、5年4月にこども家庭庁を創設し、こどもの視点に立って、こども政策を総合的に推進するため、こども家庭庁に関係する4年度当初予算額に対して、一般会計及び年金特別会計子ども・子育て支援勘定合わせて1,233億円（2.6％）増の48,104億円を計上している。4年度からの主な増額要因としては、妊娠時から出産・子育てまで一貫した伴走型相談支援と、妊娠届出・出生届出を行った妊婦等に対する経済的支援（計10万円相当）を一体として実施する、出産・子育て応援交付金の継続実施のほか、保育士・幼稚園教諭等の処遇改善（人事院勧告に伴う処遇改善（＋2.1％）、＋

3％程度の処遇改善(月額9千円)の満年度化)、保育所等の受け皿整備に伴う利用児童数増(1.7万人)や放課後児童クラブの受け皿整備に伴う登録児童数増(2.4万人)等が挙げられる。

このほか、妊娠期から子育て期の包括的な切れ目のない支援として、産後ケア事業の利用料減免等による母子保健対策の推進等に取り組むほか、大規模な保育所における加配等の保育の質の向上に取り組むこととしている。

年金については、基礎年金国庫負担(2分の1)等について措置することとしている。その際、足元の物価等の状況を勘案し、5年度の年金額改定率を、新規裁定者は2.2％、既裁定者は1.9％と見込んで計上している。

障害保健福祉施策については、障害者及び障害児の地域生活を支援する事業(移動支援や意思疎通支援等)を、入院者訪問支援事業の創設などの充実を行いつつ、地方公共団体において、地域の特性・利用者の状況に応じて実施することとしている。

生活保護制度については、生活扶助基準の見直しに当たり、厚生労働省の社会保障審議会生活保護基準部会における検証を適切に反映することを基本としつつ、足元の社会経済情勢等も踏まえ、特例的な加算(月額1,000円／人)を行うとともに、それでもなお減額となる世帯は、現行の基準額を保障する措置を講ずることとしている。

また、医療扶助の適正化に向け、多剤服薬者に対する医薬品の適正使用に係る取組を強化するほか、「生活困窮者自立支援法」(平25法105)に基づき、生活困窮者に対する包括的な相談支援や就労支援等を実施することとしており、とりわけ、就労をはじめとする自立の前提である「住まい」の確保に困難を抱える方への対応を強化することとしている。

雇用政策については、雇用調整助成金について特例措置の段階的な縮減を経て通常制度とするとともに、5年度の失業等給付の雇用保険料率は、本則0.8％(労使折半)とすることとしている。

また、人への投資「5年1兆円」施策パッケージとして、賃上げを伴う企業間・産業間の労働移動円滑化、主体的に学び直しを行う在職者や求職者等への直接支援、労働者のリスキリングへの支援等の施策をさらに充実・強化することとしているほか、最低賃金引上げに向けた生産性向上に取り組む中小企業・小規模事業者の支援等に取り組むこととしている。

（3） 文教及び科学技術

文教及び科学振興費については、教育環境整備や科学技術基盤の充実等を図ることとし、4年度当初予算額に対して257億円(0.5％)増の54,158億円を計上している。

文教予算については、まず、義務教育費国庫負担金において、小学校高学年における教科担任制の推進等を図るため、1,100人の定数増を行うほか、小学校4年生の35人以下学級の実現や、通級による指導等のための基礎定数化に伴う743人の定数増を行うこととしている。一方、少子化の進展による基礎定数の自然減3,167人に加え、350人の加配定数の見直しを図るほか、国庫負担金の算定方法の見直し(800人相当)を行うこととしている。また、教員業務支援員やスクールカウンセラー等の外部人材の配置を促進することとしている。

高等教育施策については、自ら意欲的に改革に取り組む国立大学を支援するため、国立大学法人運営費交付金について実績状況に基づく配分に係る指標を見直すとともに、学内資源の再配分等を伴う意欲的な教育研究組織の改革を支援する取組を拡充することとしている。また、私立大学等については、私立大学等経常費補助における配分の見直し等を通じてメリハリある資金配分を行うこととしている。

科学技術振興費については、科学技術・イノベーションへの投資として、重要先端技術の研究開発を戦略的に推進するとともに、基礎研究・若手研究者向け支援の充実等を図る

こととしており、4年度当初予算額に対して154億円(1.1%)増の13,942億円を計上している。

（４） 社会資本の整備

公共事業関係費については、安定的な確保を行い、新技術を活用した老朽化対策やハード・ソフト一体となった流域治水対策、先端的なデジタル技術を活用した洪水予測技術の開発加速など防災・減災、国土強靭化の総合的な取組を推進することとしている。

また、地域の創意工夫を生かした地域公共交通ネットワークの再構築や、生産性向上・成長力強化につながるインフラ整備、建設・建築DXの推進等に重点的に取り組む。

具体的には、AI・ドローン等を活用した予防保全の取組など老朽化対策や特定都市河川の指定等を通じた総合的な治水対策、3次元データを用いた水害リスクや治水対策効果の「見える化」等を推進する。

さらに、船舶の大型化に対応したコンテナターミナルの整備等の集中的実施や、交通渋滞の緩和による迅速・円滑な物流ネットワークの構築、コンパクトなまちづくりと連動した鉄道設備やバス関連施設の整備等を通じた地域公共交通の利便性向上・効率化等に取り組むこととしている。

これらの結果、5年度の公共事業関係費は、4年度当初予算額に対して、26億円(0.0%)増の60,600億円を計上している。

（５） 経 済 協 力

一般会計ODA予算については、ODA事業量の確保に配慮しつつ、経費の見直しを行い、予算の重点化等のメリハリ付けを図ることとし、4年度当初予算額に対して98億円(1.7%)増の5,709億円を計上している。

具体的には、日本の国益と国際社会の平和と繁栄を実現するための外交力の強化等に必要な経費を計上している。無償資金協力については、1,634億円を計上し、技術協力(独立行政法人国際協力機構)については、1,519億円を計上している。

（注） 経済協力費の一部、例えば国際連合分担金は、経済協力開発機構(OECD)の開発援助委員会(DAC)の規定により、分担金の一定割合部分のみがODAと定義されているため、経済協力費の全額がODA予算となるわけではない。一方、経済協力費以外の主要経費のうち、上記の規定によりODAと定義される部分があり、一般会計ODA予算は、これを加えたものとなっている。

（６） 防 衛 力 の 整 備

防衛省所管の防衛関係費については、4年12月16日の国家安全保障会議及び閣議において決定された「国家安全保障戦略」、「国家防衛戦略」及び「防衛力整備計画」に基づき、スタンド・オフ防衛能力や統合防空ミサイル防衛能力、施設整備等の重点分野を中心に防衛力を抜本的に強化するとともに、防衛力整備の一層の効率化・合理化を徹底することとし、4年度当初予算額に対して14,192億円(26.4%)増の67,880億円を計上している。また、防衛省情報システム関係経費のうちデジタル庁計上分を加えた額は68,219億円となる。

なお、上記の予算額から沖縄に関する特別行動委員会(SACO)最終報告に盛り込まれた措置を実施するために必要な経費(以下「SACO関係経費」という。)115億円並びに「在日米軍の兵力構成見直し等に関する政府の取組について」(18年5月30日閣議決定)及び「平成22年5月28日に日米安全保障協議委員会において承認された事項に関する当面の政府の取組について」(22年5月28日閣議決定)に基づく再編関連措置のうち地元の負担軽減に資する措置を実施するために必要な経費(以下「米軍再編関係経費(地元負担軽減に資する措置)」という。)2,103億円を除いた防衛力整備計画対象経費は、4年度当初予算額に対して14,213億円(27.4％)増の66,001億円となる。

また、財務省所管の防衛関係費については、「我が国の防衛力の抜本的な強化等のために必要な財源の確保に関する特別措置法」(仮称)に基づく防衛力強化資金(仮称)への繰入れに必要な経費として33,806億円を計上

している。

（7）中小企業対策

　　中小企業対策費については、取引適正化対策や中小企業の研究開発投資などに重点的な配分を図るとともに、事業再生・事業承継支援など、現下の中小企業・小規模事業者を取り巻く経営課題に対応するために必要な額を計上する一方、中小企業・小規模事業者に対する貸出動向等を踏まえた信用保証に係る経費の減少等により、4年度当初予算額に対して9億円（0.5%）減の1,704億円を計上している。

　　具体的には、下請取引の適正化のための監督体制の強化、中小企業・小規模事業者が産学官連携により行う研究開発に対する支援、中小企業・小規模事業者の再生計画策定支援やマッチング支援などの事業再生・事業承継に対する支援等に取り組むこととしている。

　　資金繰り対策については、公的信用補完の基盤強化に必要な株式会社日本政策金融公庫に対する出資金及び資金供給業務円滑化に必要な同公庫に対する補給金を確保するとともに、信用保証に係る全国信用保証協会連合会への補助金等を計上している。

（8）エネルギー対策

　　エネルギー対策については、「第6次エネルギー基本計画」（3年10月22日閣議決定）の実現に向けて、徹底した省エネルギーの推進や再生可能エネルギーの最大限の導入と国民負担の抑制の両立に向けた取組をはじめ、エネルギーの安定供給の確保や安全かつ安定的な電力供給の確保等についても取り組むこととしている。

　　これらの施策を推進する一方、エネルギー対策特別会計の剰余金等の増加を踏まえた繰入額の減少等により、一般会計のエネルギー対策費として、4年度当初予算額に対して217億円（2.5%）減の8,540億円を計上している。

　　具体的には、再生可能エネルギーや省エネルギーに資する技術の開発・設備等の導入、石油・天然ガス等の資源の探鉱・開発、石油

備蓄の維持、石油の生産・流通合理化、原子力防災体制の整備等を推進することとしている。

　　また、「原子力災害からの福島復興の加速のための基本指針について」（28年12月20日閣議決定）を踏まえ、中間貯蔵施設費用相当分について原子力損害賠償・廃炉等支援機構に資金交付を行うこととしている。

（9）農林水産業

　　農林水産関係予算については、強い農林水産業の実現に向けた施策の推進等の観点から4年度当初予算額に対して94億円（0.4%）減の22,683億円を計上している。

　　具体的には、食料安全保障の強化に向け、安定的な輸入と適切な備蓄を組み合わせつつ、水田の畑地化支援により収益性の高い野菜や国内で自給できていない麦・大豆など畑作物の生産や、海外に依存した肥料・飼料などの国内生産を推進することとしている。

　　また、農林水産物・食品の輸出5兆円目標に向け、生産者・事業者の所得向上効果を把握しつつ、「農林水産物・食品輸出促進団体」を中核とした品目ごとの売り込み強化などの施策を実施することとしている。

　　農業の経営所得安定対策等については、農業経営収入保険制度や収入減少影響緩和対策等により担い手の農業経営の安定を図るとともに、水田活用の直接支払交付金等により野菜等の高収益作物への転換や水田の畑地化等を一層推進することとしている。

　　農業の基盤整備については、生産性・収益性等の向上のための水田の畑地化や農地の大区画化、国土強靱化のための農業水利施設の長寿命化や防災・減災対策等を推進することとしている。

　　林野関係については、再造林の省力化・低コスト化や間伐・路網整備、流域治水と連携した治山対策等を推進するとともに、新たな木材需要の創出や多様な担い手の育成の取組等を推進することとしている。

　　水産関係については、資源管理に取り組む漁業者に対する経営安定対策等を着実に実施

するとともに、水産業の成長産業化に向けて、収益性向上に必要な漁船・漁具等のリース方式による導入等を推進することとしている。また、外国漁船の違法操業等に対する取締り等を実施することとしている。

（10）治安対策

警察活動による治安対策として、警察庁予算は、4年度当初予算額に対して28億円（1.0％）増の2,902億円を計上している。

具体的には、テロ対策と大規模災害等の緊急事態への対処として、テロ対策については、5年のG7広島サミットの開催に伴う警備対策のほか、テロの未然防止、テロへの対処体制の強化及び安倍元総理銃撃事件を踏まえた警護警備の強化を推進することとしている。また、大規模災害等の緊急事態への対処については、大規模災害対策を推進するほか、国境離島における警備事象に対処するための資機材の整備等を図るなど、対処能力の向上を図ることとしている。

サイバー空間の脅威への対処については、国境を越えて実行されるサイバー犯罪・サイバー攻撃や、不正プログラムを用いた攻撃手法などの新たな脅威に先制的かつ能動的に対処するため、サイバー警察局及びサイバー特別捜査隊の充実強化をはじめとする警察の人的・物的基盤の強化を図るなど、警察組織の総合力を発揮した効果的な対策を推進することとしている。

安全かつ快適な交通の確保については、近年、交通事故者に占める高齢者の比率が高水準となっているほか、次世代を担うこどものかけがえのない命が犠牲となる痛ましい事故が後を絶たず、交通事故情勢は依然として厳しい状況にあることから、交通安全施設等を整備するなどの諸施策を行うこととしている。

客観証拠重視の捜査のための基盤整備については、犯罪の悪質化・巧妙化、裁判員裁判制度の導入等により犯罪の立証における客観証拠の重要性が高まっていることから、DNA型鑑定の一層の推進や、検視、司法解剖等

の充実を図ることとしている。

警察基盤の充実強化については、警察用車両及び装備資機材の整備や、警察署・警察学校等の警察施設の整備等を行うこととしている。

再犯防止対策の推進については、法務省予算として、4年度当初予算額（施設費を除く。）に対して11億円（9.0％）増の135億円を計上している。

具体的には、刑務所出所者等の再犯防止対策等を強化するため、施設内処遇として、就労支援体制の充実等を行うとともに、社会内処遇として、満期釈放者に対する「息の長い支援」を実施するための経費等を計上している。

このほか、尖閣諸島周辺海域をはじめとする我が国周辺海域をめぐる状況への対応については、海上保安庁予算として、4年度当初予算額に対して218億円（9.9％）増の2,415億円を計上している。また、海上保安庁情報システム関係経費のうちデジタル庁計上分を加えた額は、4年度当初予算額に対して200億円（9.0％）増の2,431億円となる。

具体的には、新たに取りまとめられた「海上保安能力強化に関する方針」（4年12月16日海上保安能力強化に関する関係閣僚会議決定）に基づき、大型巡視船等の整備や、無操縦者航空機等の新技術の積極的な活用などとともに、国内外の関係機関との連携・協力を強化し、我が国の領土・領海の堅守等の諸課題に対応することとしている。

（11）地方財政

5年度の地方財政については、骨太方針2021等を踏まえ、国の一般歳出の取組と基調を合わせつつ、地方の安定的な財政運営に必要となる一般財源の総額について、3年度の水準を下回らないよう実質的に同水準を確保することとしている。

一般会計から交付税及び譲与税配付金特別会計に繰り入れる地方交付税交付金は、4年度当初予算額に対して5,264億円（3.4％）増の161,823億円、地方交付税交付金と地方特例

交付金を合わせた地方交付税交付金等は、4年度当初予算額に対して5,166億円(3.3%)増の163,992億円となっている。

地方交付税交付金については、所得税等の収入見込額の増加に伴い、その一定割合である法定率分が増加している。また、地方税等の収入見込額の増加等を受け、前年度に引き続き、国と地方の折半により負担する地方の財源不足が生じていないことから、一般会計からの特例加算による地方交付税交付金の増額措置は講じないこととしている。

地方特例交付金については、個人住民税における住宅借入金等特別税額控除による減収額を補塡するために必要な額を計上するほか、「新型コロナウイルス感染症緊急経済対策」(2年4月20日閣議決定)における税制上の措置としての固定資産税の減収額を補塡するための新型コロナウイルス感染症対策地方税減収補塡特別交付金に必要な額を計上することとしている。

また、交付税及び譲与税配付金特別会計から地方団体に交付される地方交付税交付金(震災復興特別交付税を除く。)については、4年度当初予算額に対して3,073億円(1.7%)増の183,611億円を確保している。

(12) 公務員人件費

5年度予算における国家公務員の人件費については、一般会計及び特別会計の純計で、4年度当初予算額に対して383億円(0.7%)減の52,583億円となっている。

具体的には、4年人事院勧告を踏まえ、官民較差に基づく国家公務員の給与改定が行われている。また、行政機関の定員については、組織の新設(内閣感染症危機管理統括庁及びこども家庭庁)、人への投資の促進、外交・安全保障の強化等、内閣の重要課題の推進に必要な体制を整備することとしている。このほか、国家公務員の定年引上げによる退職手当の減少等を反映している。

地方公務員についても、国家公務員の給与改定に準じた給与改定を実施するなど、適切

な見直しを行うこととしている。

(13) 東日本大震災からの復興

東日本大震災からの復興については、5年度も引き続き、復興のステージに応じた取組を推進するため、被災者支援や住宅再建・復興まちづくり、産業・生業の再生、原子力災害からの復興・再生、創造的復興などのための経費7,301億円を東日本大震災復興特別会計に計上している。

(14) 特 別 会 計

5年度においては、特別会計の数は13となっている。

なお、特別会計の歳出総額から重複計上分等並びに国債償還費、社会保障給付費、地方交付税交付金等及び財政融資資金への繰入を控除した額は、80,944億円となっており、さらに、東日本大震災からの復興に関する事業に係る経費を除いた額は、4年度当初予算額に対して8,705億円(13.2%)増の74,421億円となっている。

(15) 決算等の反映

予算の更なる効率化・透明化を図るべく、決算等の反映にこれまでも積極的に取り組んできている。

決算及び決算検査報告等の予算への反映については、決算に関する国会の議決や会計検査院の指摘等を踏まえ、個別の事務・事業ごとに必要性や効率性を洗い直し、その結果を5年度予算に的確に反映している。

また、4年度予算執行調査については、39件の調査を実施し、その調査結果を踏まえ、事業等の必要性、有効性及び効率性について検証を行い、5年度予算に的確に反映している。

さらに、各府省の政策評価・行政事業レビューに示された達成すべき目標、目標を達成するための手段、どの程度目標が達成されたかに関する事後評価等を精査の上、各事業の必要性、効率性又は有効性の観点等から検証を行い、政策評価の結果等を5年度予算に的確に反映している。

I 一般会計歳入歳出予算

1 歳入予算対前年度比較表

(単位 千円)

区　分	5年度予算額	4 年 度 予 算 額		比 較 増 △ 減	
		当　　初	補正(第2号)後	当　　初	補正(第2号)後
租 税 及 印 紙 収 入	69,440,000,000	65,235,000,000	68,359,000,000	4,205,000,000	1,081,000,000
官 業 益 金 及 官 業 収 入	50,567,378	50,921,756	50,921,756	△　354,378	△　354,378
政 府 資 産 整 理 収 入	671,064,064	251,716,395	305,956,598	419,347,669	365,107,466
雑 収 入	8,596,604,127	5,079,640,601	5,698,456,451	3,516,963,526	2,898,147,676
公 債 金	35,623,000,000	36,926,000,000	62,478,917,255	△1,303,000,000	△26,855,917,255
前 年 度 剰 余 金 受 入	—	53,145,806	2,326,317,037	△　53,145,806	△2,326,317,037
計	114,381,235,569	107,596,424,558	139,219,569,097	6,784,811,011	△24,838,333,528

2 歳出予算主要経費別対前年度比較表

(単位 千円)

事　　項	5年度予算額	4 年 度 予 算 額		比 較 増 △ 減	
		当　　初	補正(第2号)後	当　　初	補正(第2号)後
社 会 保 障 関 係 費					
1 年 金 給 付 費	13,085,689,398	12,764,072,176	12,764,072,176	321,617,222	321,617,222
2 医 療 給 付 費	12,151,734,478	12,092,506,004	12,164,022,481	59,228,474	△　12,288,003
3 介 護 給 付 費	3,680,922,304	3,580,256,585	3,578,389,410	100,665,719	102,532,894
4 少 子 化 対 策 費	3,141,232,662	3,109,386,473	3,182,896,187	31,846,189	△　41,663,525
5 生活扶助等社会福祉費	4,309,280,757	4,175,866,897	4,545,197,748	133,413,860	△　235,916,991
6 保 健 衛 生 対 策 費	475,369,819	475,552,283	3,849,780,078	△　182,464	△3,374,410,259
7 雇 用 労 災 対 策 費	44,657,489	75,822,695	854,696,956	△　31,165,206	△　810,039,467
計	36,888,886,907	36,273,463,113	40,939,055,036	615,423,794	△4,050,168,129
文 教 及 び 科 学 振 興 費					
1 義務教育費国庫負担金	1,521,553,000	1,501,467,000	1,515,649,577	20,086,000	5,903,423
2 科 学 技 術 振 興 費	1,394,155,025	1,378,744,516	4,181,854,933	15,410,509	△2,787,699,908
3 文 教 施 設 費	74,257,061	74,329,393	201,707,383	△　72,332	△　127,450,322
4 教 育 振 興 助 成 費	2,305,387,414	2,313,851,595	2,778,858,617	△　8,464,181	△　473,471,203
5 育 英 事 業 費	120,438,087	121,703,097	134,629,989	△　1,265,010	△　14,191,902
計	5,415,790,587	5,390,095,601	8,812,700,499	25,694,986	△3,396,909,912
国 債 費	25,250,340,249	24,339,284,865	24,071,662,761	911,055,384	1,178,677,488
恩 給 関 係 費	96,966,341	122,149,210	121,797,577	△　25,182,869	△　24,831,236
地 方 交 付 税 交 付 金	16,182,275,658	15,655,838,658	17,290,659,123	526,437,000	△1,108,383,465
地 方 特 例 交 付 金	216,900,000	226,700,000	222,706,721	△　9,800,000	△　5,806,721
防 衛 関 係 費	10,168,585,359	5,368,725,109	5,810,492,109	4,799,860,250	4,358,093,250
下 記 繰 入 れ 除 く	6,787,965,446	5,368,725,109	5,810,492,109	1,419,240,337	977,473,337
防衛力強化資金(仮称)繰入れ	3,380,619,913	—		3,380,619,913	3,380,619,913
公 共 事 業 関 係 費					
1 治山治水対策事業費	954,384,000	950,737,000	1,282,842,990	3,647,000	△　328,458,990

事　　　項	5年度予算額	4　年　度　予　算　額		比　較　増　△　減	
		当　　　初	補正（第2号）後	当　　　初	補正（第2号）後
2　道路整備事業費	1,671,083,000	1,665,986,000	1,979,681,351	5,097,000	△　308,598,351
3　港湾空港鉄道等整備事業費	397,584,000	398,783,000	493,188,286	△　1,199,000	△　95,604,286
4　住宅都市環境整備事業費	730,657,000	729,932,000	977,434,655	725,000	△　246,777,655
5　公園水道廃棄物処理等施設整備費	178,362,000	161,911,000	235,996,066	16,451,000	△　57,634,066
6　農林水産基盤整備事業費	607,848,000	607,921,227	845,480,842	△　73,227	△　237,632,842
7　社会資本総合整備事業費	1,380,489,000	1,397,301,000	1,711,694,000	△　16,812,000	△　331,205,000
8　推　進　費　等	61,938,000	67,573,000	67,773,000	△　5,635,000	△　5,835,000
小　　　　　計	5,982,345,000	5,980,144,227	7,594,091,190	2,200,773	△　1,611,746,190
9　災害復旧等事業費	77,649,000	77,248,000	459,031,000	401,000	△　381,382,000
計	6,059,994,000	6,057,392,227	8,053,122,190	2,601,773	△　1,993,128,190
経　済　協　力　費	511,374,240	510,547,003	846,966,265	827,237	△　335,592,025
中　小　企　業　対　策　費	170,376,011	171,267,428	1,418,542,086	△　891,417	△　1,248,166,075
エ　ネ　ル　ギ　ー　対　策　費	853,964,883	875,642,103	2,196,829,627	△　21,677,220	△　1,342,864,744
食　料　安　定　供　給　関　係　費	1,265,365,268	1,269,926,452	1,761,125,994	△　4,561,184	△　495,760,726
そ　の　他　の　事　項　経　費	5,800,416,066	5,835,392,789	15,913,909,109	△　34,976,723	△　10,113,493,043
皇　　　室　　　費	6,708,028	7,308,939	7,308,939	△　600,911	△　600,911
国　　　　　　　会	127,130,881	127,165,137	132,131,795	△　34,256	△　5,000,914
裁　　　判　　　所	322,216,780	322,813,550	324,021,001	△　596,770	△　1,804,221
会　　計　　検　　査　　院	15,824,524	16,928,289	17,147,434	△　1,103,765	△　1,322,910
内　　　　　　　閣	106,443,244	107,172,414	132,437,345	△　729,170	△　25,994,101
内　　　閣　　　府	672,459,115	670,207,877	1,578,841,266	2,251,238	△　906,382,151
デ　ジ　タ　ル　庁	495,147,119	472,025,550	592,920,219	23,121,569	△　97,773,100
総　　　務　　　省	303,168,194	399,698,594	447,383,329	△　96,530,400	△　144,215,135
法　　　務　　　省	725,004,143	743,785,213	768,455,287	△　18,781,070	△　43,451,144
外　　　務　　　省	352,674,768	291,256,171	310,543,335	61,418,597	42,131,433
財　　　務　　　省	1,123,067,534	1,111,635,030	1,459,715,598	11,432,504	△　336,648,064
文　　部　　科　　学　　省	214,302,887	216,401,768	288,706,767	△　2,098,881	△　74,403,880
厚　　生　　労　　働　　省	227,406,655	248,081,706	297,222,159	△　20,675,051	△　69,815,504
農　　林　　水　　産　　省	210,104,012	215,469,805	211,274,513	△　5,365,793	△　1,170,501
経　　済　　産　　業　　省	121,173,648	124,050,681	8,153,775,913	△　2,877,033	△　8,032,602,265
国　　土　　交　　通　　省	689,397,471	672,167,473	1,072,893,996	17,229,998	△　383,496,525
環　　　境　　　省	88,187,063	89,224,592	119,130,213	△　1,037,529	△　30,943,150
新型コロナウイルス感染症及び原油価格・物価高騰対策予備費	4,000,000,000	5,000,000,000	9,860,000,000	△　1,000,000,000	△　5,860,000,000
ウクライナ情勢経済緊急対応予備費	1,000,000,000	—	1,000,000,000	1,000,000,000	—
予　　　備　　　費	500,000,000	500,000,000	900,000,000	—	△　400,000,000
合　　　　　計	114,381,235,569	107,596,424,558	139,219,569,097	6,784,811,011	△24,838,333,528

Ⅱ 特別会計歳入歳出予算

(単位　千円)

会計名	5年度予算額 歳入	5年度予算額 歳出	4年度予算額 歳入	4年度予算額 歳出	比較増△減 歳入	比較増△減 歳出
交付税及び譲与税配付金	51,176,962,043	49,543,612,720	(51,419,136,024) 53,435,757,444	(49,955,050,861) 51,966,072,281	(△ 242,173,981) △ 2,258,795,401	(△ 411,438,141) △ 2,422,459,561
地震再保険	108,980,454	108,980,454	110,030,193	110,030,193	△ 1,049,739	△ 1,049,739
国債整理基金	239,473,695,068	239,473,695,068	(245,791,482,900) 237,174,046,506	(245,791,482,900) 237,174,046,506	(△ 6,317,787,832) 2,299,648,562	(△ 6,317,787,832) 2,299,648,562
外国為替資金	2,988,136,336	2,419,319,219	2,490,632,293	1,147,485,541	497,504,043	1,271,833,678
財政投融資						
財政融資資金勘定	23,901,577,207	23,901,577,207	(48,062,485,807) 35,294,031,939	(47,855,170,402) 35,288,540,855	(△24,160,908,600) △ 11,392,454,732	(△23,953,593,195) △ 11,386,963,648
投資勘定	1,016,706,610	1,016,706,610	716,391,091	716,391,091	300,315,519	300,315,519
特定国有財産整備勘定	70,044,264	19,143,745	53,546,438	22,533,016	16,497,826	△ 3,389,271
エネルギー対策						
エネルギー需給勘定	2,787,144,057	2,787,144,057	(2,236,769,231) 2,494,843,905	(2,236,769,231) 2,494,843,905	(550,374,826) 292,300,152	(550,374,826) 292,300,152
電源開発促進勘定	334,457,589	334,457,589	(322,435,744) 341,829,201	(322,435,744) 341,829,201	(12,021,845) △ 7,371,612	(12,021,845) △ 7,371,612
原子力損害賠償支援勘定	10,937,846,597	10,937,846,597	11,216,819,313	11,216,819,313	△ 278,972,716	△ 278,972,716
労働保険						
労災勘定	1,223,192,987	1,069,217,756	1,174,822,903	(1,078,047,595) 1,081,912,760	48,370,084	(△ 8,829,839) △ 12,695,004
雇用勘定	3,648,810,293	3,507,640,185	(3,593,661,183) 4,493,281,670	(3,593,661,183) 3,765,729,144	(△ 55,149,110) △ 844,471,377	(△ 86,020,998) △ 258,088,959
徴収勘定	4,079,670,577	4,079,670,577	3,186,583,210	3,186,583,210	893,087,367	893,087,367
年金						
基礎年金勘定	28,854,982,070	28,854,982,070	27,668,098,912	27,668,098,912	1,186,883,158	1,186,883,158
国民年金勘定	3,925,803,588	3,925,803,588	3,811,867,445	3,811,867,445	113,936,143	113,936,143
厚生年金勘定	50,408,732,452	50,408,732,452	49,338,137,758	49,338,137,758	1,070,594,694	1,070,594,694
健康勘定	12,514,890,322	12,514,890,322	12,400,423,006	12,400,423,006	114,467,316	114,467,316
子ども・子育て支援勘定	3,344,681,036	3,344,681,036	(3,273,823,125) 3,407,382,227	(3,273,823,125) 3,407,382,227	(△ 70,857,911) △ 62,701,191	(△ 70,857,911) △ 62,701,191
業務勘定	456,713,640	456,713,640	(419,161,054) 419,150,002	(419,161,054) 419,150,002	(37,552,586) 37,563,638	(37,552,586) 37,563,638
食料安定供給						
農業経営安定勘定	251,423,994	251,423,994	274,378,334	274,378,334	△ 22,954,340	△ 22,954,340
食糧管理勘定	1,126,681,445	1,126,681,445	(915,548,997) 889,261,812	(915,548,997) 889,261,812	(211,132,448) 237,419,633	(211,132,448) 237,419,633
農業再保険勘定	104,411,443	104,204,070	(92,981,077) 92,975,319	(92,534,774) 92,529,016	(11,430,366) 11,436,124	(11,669,296) 11,675,054
漁船再保険勘定	7,981,883	6,924,618	(8,100,403) 8,092,595	(7,159,813) 7,152,005	(△ 118,520) △ 110,712	(△ 235,195) △ 227,387
漁業共済保険勘定	14,609,838	12,883,784	(24,439,416) 24,431,776	(24,180,564) 24,172,924	(△ 9,829,578) △ 9,821,938	(△ 11,296,780) △ 11,289,140
業務勘定	14,764,808	14,764,808	(12,438,251) 12,389,540	(12,438,251) 12,389,540	(2,326,557) 2,375,268	(2,326,557) 2,375,268
国営土地改良事業勘定	11,129,949	11,129,949	(14,370,807) 14,294,453	(14,370,807) 14,294,453	(△ 3,240,858) △ 3,164,504	(△ 3,240,858) △ 3,164,504

（単位　千円）

会　計　名	5　年　度　予　算　額		4　年　度　予　算　額		比　較　増　△　減	
	歳　　入	歳　　出	歳　　入	歳　　出	歳　　入	歳　　出
国有林野事業債務管理	344,014,372	344,014,372	(354,648,504) 353,471,579	(354,648,504) 353,471,579	(△ 10,634,132) △ 9,457,207	(△ 10,634,132) △ 9,457,207
特　　　　　許	218,141,685	145,421,334	189,775,186	154,084,778	28,366,499	△ 8,663,444
自　動　車　安　全						
自動車事故対策勘定	82,977,698	22,404,098	(77,804,617) 79,054,092	(17,115,376) 18,364,851	(5,173,081) 3,923,606	(5,288,722) 4,039,247
自動車検査登録勘定	45,781,164	41,272,221	(52,710,650) 52,708,685	(42,352,683) 42,350,718	(△ 6,929,486) △ 6,927,521	(△ 1,080,462) △ 1,078,497
空港整備勘定	392,769,517	392,769,517	388,336,957	388,336,957	4,432,560	4,432,560
東日本大震災復興	730,138,746	730,138,746	(841,274,453) 922,210,880	(841,274,453) 922,210,880	(△ 111,135,707) △ 192,072,134	(△ 111,135,707) △ 192,072,134

Ⅲ 政府関係機関収入支出予算

（単位 千円）

機 関 別	5 年 度 予 算 額		4 年 度 予 算 額		比 較 増 △ 減	
	収　入	支　出	収　入	支　出	収　入	支　出
沖縄振興開発金融公庫	14,089,009	10,030,816	16,654,215	11,797,676	△ 2,565,206	△ 1,766,860
株式会社日本政策金融公庫						
国民一般向け業務	193,168,709	106,855,324	295,520,956	150,483,370	△ 102,352,247	△ 43,628,046
農林水産業者向け業務	43,127,213	40,012,285	44,171,890	39,947,904	△ 1,044,677	64,381
中小企業者向け業務	150,005,422	54,217,325	172,602,746	81,038,799	△ 22,597,324	△ 26,821,474
信用保険等業務	300,853,092	849,435,927	322,027,449	880,018,420	△ 21,174,357	△ 30,582,493
危機対応円滑化業務	12,484,333	105,937,344	134,808,796	409,220,236	△ 122,324,463	△ 303,282,892
特定事業等促進円滑化業務	4,087,550	4,087,549	4,523,986	4,523,985	△ 436,436	△ 436,436
株式会社国際協力銀行	1,363,395,424	1,329,702,421	885,627,459	834,353,516	477,767,965	495,348,905
独立行政法人国際協力機構有償資金協力部門	152,876,843	145,880,712	128,790,623	107,852,948	24,086,220	38,027,764

第2 一般会計

（A）歳　　出

社会保障関係費

5年度(百万円)	4年度(百万円)	比較増△減(百万円)
	(36,273,463)	(615,424)
36,888,887	40,939,055	△　4,050,168

1　年金給付費

5年度(百万円)	4年度(百万円)	比較増△減(百万円)
13,085,689	12,764,072	321,617

この経費は、「国民年金法」(昭34法141)、「厚生年金保険法」(昭29法115)等に基づく年金給付等に必要な経費である。

経費の内訳は、次のとおりである。

	5年度(百万円)	4年度(百万円)
国家公務員共済組合連合会等助成費	77,937	78,379
職務上年金給付費年金特別会計へ繰入	0	1
特別障害給付金給付費年金特別会計へ繰入	2,390	2,467
公的年金制度等運営諸費	524,232	523,509
基礎年金拠出金等年金特別会計へ繰入	12,476,942	12,155,728
年金特別会計へ繰入	278,440	302,531
厚生年金保険給付費国庫負担金繰入	257,065	280,483
拠出制国民年金国庫負担金繰入	21,374	22,048
福祉年金等年金特別会計へ繰入	130	121
基礎年金年金特別会計へ繰入	12,198,373	11,853,077
厚生年金基礎年金国庫負担金繰入	10,227,156	9,966,197
国民年金基礎年金国庫負担金繰入	1,971,217	1,886,880
私的年金制度整備運営費	4,187	3,988
計	13,085,689	12,764,072

その内容の主なものは、次のとおりである。

（1）　基礎年金拠出金等年金特別会計へ繰入

「国民年金法」(昭34法141)等に基づく基礎年金の国庫負担割合については、消費税増収分等を活用した2分の1への引上げの恒久化等により、厚生年金保険については10,484,222百万円、国民年金については1,992,591百万円を計上している。また、福祉年金等に係る国庫負担金については、130百万円を計上している。

（2）　公的年金制度等運営諸費

「年金生活者支援給付金の支給に関する法律」(平24法102)に基づき、所得が一定の基準を下回る等の要件を満たす年金受給者に給付金を支給するため、国庫負担金として524,232百万円を計上している。

2　医療給付費

5年度(百万円)	4年度(百万円)	比較増△減(百万円)
	(12,092,506)	(59,228)
12,151,734	12,164,022	△　12,288

この経費は、「健康保険法」(大11法70)、「国民健康保険法」(昭33法192)、「高齢者の医療の確保に関する法律」(昭57法80)等に基づく医療保険給付等に必要な経費である。

経費の内訳は、次のとおりである。

	5年度(百万円)	4年度(百万円)
母子保健衛生対策費	3,683	3,717
児童虐待防止等対策費	4,484	―

障害児支援等対策費	5,384	—
感染症対策費	3,359	(3,424) 86,363
特定疾患等対策費	145,010	142,103
原爆被爆者等援護対策費	27,384	28,072
医療提供体制基盤整備費	103,986	148,582
医療介護提供体制改革推進交付金	75,077	75,077
医療提供体制設備整備交付金	28,909	73,505
医療保険給付諸費	10,190,649	(10,060,299) 10,056,094
全国健康保険協会保険給付費等補助金	1,265,782	1,238,788
全国健康保険協会後期高齢者医療費支援金補助金	91	85
国民健康保険組合療養給付費補助金	181,514	183,645
国民健康保険組合後期高齢者医療費支援金補助金	58,188	54,225
健康保険組合等出産育児一時金臨時補助金	7,613	—
後期高齢者医療給付費等負担金	4,286,873	4,123,160
国民健康保険療養給付費等負担金	1,636,244	1,753,760
国民健康保険後期高齢者医療費支援金負担金	527,283	(485,887) 482,605
後期高齢者医療財政調整交付金	1,392,535	1,341,131
国民健康保険財政調整交付金	565,064	601,800
国民健康保険後期高齢者医療費支援金財政調整交付金	148,298	(136,655) 135,733
国民健康保険保険者努力支援交付金	121,162	141,162
麻薬・覚醒剤等対策費	0	0
生活保護等対策費	1,391,235	(1,420,329) 1,413,113
障害保健福祉費	276,561	281,677
心神喪失者等医療観察法入院等決定者医療費	18,319	17,170
精神障害者医療保護入院費補助金	227	253
精神障害者措置入院費負担金	5,330	5,410
障害者医療費負担金	252,684	253,514
障害児入所医療費等負担金	—	5,331
児童虐待等防止対策費	—	4,301
計	12,151,734	(12,092,506) 12,164,022

その内容の主なものは、次のとおりである。

（1）　特定疾患等対策費

　　「難病の患者に対する医療等に関する法律」（平26法50）及び「児童福祉法」（昭22法164）に基づく地方公共団体が支弁する特定医療費等の国庫負担として、145,010百万円を計上している。

（注）　難病・小児慢性特定疾病対策費としては、この医療給付費に計上されているほか、難病の治療研究を推進し、患者の経済的負担の軽減を図るための従来の医療費助成及び難治性疾患の原因解明、診断・治療法の開発等を促進するための総合的・戦略的な研究開発費等が科学技術振興費等に計上されており、難病・小児慢性特定疾病対策費の総額は159,787百万円となっている。

（2）　原爆被爆者等援護対策費

　　「原子爆弾被爆者に対する援護に関する法律」（平6法117）に基づく原爆被爆者に対する医療の給付として、27,384百万円を計上している。

（3）　医療提供体制基盤整備費

　　「地域における医療及び介護の総合的な確保の促進に関する法律」（平元法64）に基づき、消費税増収分を活用し、地域医療介護総合確保基金（医療分）等を各都道府県等に設置

し、病床機能の分化・連携の推進、病床機能の再編支援及び勤務医の働き方改革の推進等を図るために 103,986 百万円を計上している。

（4）　医療保険給付諸費

（イ）　全国健康保険協会管掌健康保険等

「健康保険法」（大 11 法 70）及び「船員保険法」（昭 14 法 73）に基づく全国健康保険協会の療養給付費等に対する国庫補助として、1,273,486 百万円を計上している。

（ロ）　国民健康保険

「国民健康保険法」（昭 33 法 192）に基づく市町村等の療養給付費等に対する国庫負担等として、3,237,755 百万円を計上している。

（ハ）　後期高齢者医療

「高齢者の医療の確保に関する法律」（昭 57 法 80）に基づく後期高齢者医療広域連合の療養給付費等に対する国庫負担等として、5,679,408 百万円を計上している。

（5）　生活保護等対策費

「生活保護法」（昭 25 法 144）に基づき、地方公共団体が支弁する医療扶助費及び「中国残留邦人等の円滑な帰国の促進並びに永住帰国した中国残留邦人等及び特定配偶者の自立の支援に関する法律」（平 6 法 30）に基づく医療支援給付金に対する国庫負担として、1,391,235 百万円を計上している。

（6）　障害保健福祉費

「障害者の日常生活及び社会生活を総合的に支援するための法律」（平 17 法 123）等に基づき、地方公共団体が支弁する障害者自立支援医療費等に対する国庫負担等として、276,561 百万円を計上している。

3　介 護 給 付 費

5年度(百万円)	4年度(百万円)	比較増△減(百万円)
	(3,580,257)	(100,666)
3,680,922	3,578,389	102,533

この経費は、「介護保険法」（平 9 法 123）等に基づく介護保険給付等に必要な経費である。

経費の内訳は、次のとおりである。

	5年度(百万円)	4年度(百万円)
生活保護等対策費	83,356	(80,983) 80,263
高齢者日常生活支援等推進費	193,274	192,795
介護保険制度運営推進費	3,404,292	(3,306,479) 3,305,331
全国健康保険協会介護納付金補助金	47	55
国民健康保険組合介護納付金補助金	22,438	22,834
介護給付費等負担金	2,437,894	2,351,249
国民健康保険介護納付金負担金	183,412	(188,503) 187,608
介護給付費財政調整交付金	639,972	615,877
国民健康保険介護納付金財政調整交付金	51,585	(53,017) 52,765
医療介護提供体制改革推進交付金	48,944	54,944
介護保険保険者努力支援交付金	20,000	20,000
計	3,680,922	(3,580,257) 3,578,389

その内容の主なものは、次のとおりである。

（1）　生活保護等対策費

「生活保護法」（昭 25 法 144）に基づき、地方公共団体が支弁する介護扶助費及び「中国残留邦人等の円滑な帰国の促進並びに永住帰国した中国残留邦人等及び特定配偶者の自立の支援に関する法律」（平 6 法 30）に基づく介護支援給付金に対する国庫負担として、83,356 百万円を計上している。

（2）　高齢者日常生活支援等推進費

介護予防・日常生活支援総合事業や地域包括支援センターの実施体制の確保等を行うこととし、193,274 百万円を計上している。

そのうち、消費税増収分等を活用し、認知症対策や在宅医療・介護連携などを充実することとし、26,699 百万円を計上している。

（3）　介護保険制度運営推進費

「介護保険法」（平 9 法 123）に基づく市町村の介護給付費に対する国庫負担等として、

3,404,292 百万円を計上している。

そのうち、「地域における医療及び介護の総合的な確保の促進に関する法律」（平元法64）に基づき、消費税増収分を活用し、地域医療介護総合確保基金（介護分）を各都道府県に設置し、介護施設の整備や介護人材の確保等を図るために48,944百万円を計上している。

4 少子化対策費

5年度(百万円)	4年度(百万円)	比較増△減(百万円)
	(3,109,386)	(31,846)
3,141,233	3,182,896	△ 41,664

この経費は、「子ども・子育て支援法」（平24法65）等に基づくこども・子育て支援に必要な経費である。

経費の内訳は、次のとおりである。

	5年度(百万円)	4年度(百万円)
子ども・子育て支援年金特別会計へ繰入	2,465,730	(2,448,844) 2,520,939
児童手当年金特別会計へ繰入	1,028,748	(1,054,649) 1,021,880
子どものための教育・保育給付等年金特別会計へ繰入	1,374,396	(1,336,748) 1,437,432
地域子ども・子育て支援事業年金特別会計へ繰入	62,586	(57,448) 61,627
児童虐待防止等対策費	134,758	―
国立児童自立支援施設	156	―
大学等修学支援費	531,058	519,609
失業等給付費等労働保険特別会計へ繰入	9,531	9,125
児童虐待等防止対策費	―	(131,681) 133,096
国立児童自立支援施設運営費	―	127
計	3,141,233	(3,109,386) 3,182,896

また、所管別に区分して示すと、次のとおりである。

	5年度(百万円)	4年度(百万円)
内 閣 府	3,131,702	(2,968,454) 3,040,549
こども家庭庁	3,131,702	―
子ども・子育て本部	―	(2,968,454) 3,040,549
厚 生 労 働 省	9,531	(140,933) 142,348
計	3,141,233	(3,109,386) 3,182,896

その内容の主なものは、次のとおりである。

（1） 子ども・子育て支援年金特別会計へ繰入

（イ） 児童手当年金特別会計へ繰入

「児童手当法」（昭46法73）に基づく児童手当の支給に要する費用の国庫負担として、1,028,748百万円を計上している。

（ロ） 子どものための教育・保育給付等年金特別会計へ繰入

「子ども・子育て支援法」（平24法65）に基づく子どものための教育・保育給付の国庫負担等について、消費税増収分等を活用し、子ども・子育て支援新制度における教育・保育の量及び質の充実を図るとともに、幼児教育・保育の無償化の取組を推進することとし、1,374,396百万円を計上している。

（ハ） 地域子ども・子育て支援事業年金特別会計へ繰入

「子ども・子育て支援法」（平24法65）に基づく地域子ども・子育て支援事業に要する費用について、消費税増収分等を活用し、子ども・子育て支援新制度における地域の子ども・子育て支援の量及び質の充実を図ることとし、62,586百万円を計上している。

（2） 児童虐待防止等対策費

「児童虐待防止対策の更なる推進について」（4年9月2日関係閣僚会議決定）等を踏まえ、児童虐待防止対策・社会的養育を迅速かつ強力に推進するための施策を実施することとし、消費税増収分等の活用により、134,758百万円を計上している。

（3） 大学等修学支援費

高等教育の修学支援新制度において、真に支援が必要な低所得世帯の者に対し、授業料等減免及び給付型奨学金の支給を合わせて措

置することとし、531,058百万円を計上している。

（4）　失業等給付費等労働保険特別会計へ繰入

「雇用保険法」(昭49法116)に基づく育児休業給付金の支給に要する費用の国庫負担として、9,531百万円を計上している。

5　生活扶助等社会福祉費

5年度(百万円)	4年度(百万円)	比較増△減(百万円)
4,309,281	(4,175,867) 4,545,198	(133,414) △ 235,917

この経費は、「生活保護法」(昭25法144)に基づく生活扶助等、「障害者の日常生活及び社会生活を総合的に支援するための法律」(平17法123)等に基づく障害者自立支援給付等に必要な経費である。

経費の内訳は、次のとおりである。

	5年度(百万円)	4年度(百万円)
生活支援臨時特別事業費	—	(一) 91,780
母子保健衛生対策費	49,928	(12,095) 148,691
保育対策費	45,702	(86,992) 148,927
子ども・子育て支援年金特別会計へ繰入	37,607	(43,172) 43,386
児童虐待防止等対策費	21,491	—
国立児童自立支援施設	787	—
国立児童自立支援施設整備費	42	—
母子家庭等対策費	166,416	(179,225) 182,235
障害児支援等対策費	448,269	—
こども政策推進費	6,518	—
児童福祉施設等整備費	36,668	—
国家公務員共済組合連合会等助成費	127	118
特定疾患等対策費	667	(549) 727
原爆被爆者等援護対策費	563	563
医薬品安全対策等推進費	505	511
医療保険給付諸費	111,875	(110,582) 133,094
健康保険事業借入金諸費年金特別会計へ繰入	5,748	5,787
医療費適正化推進費	2,273	(2,458) 3,046
健康増進対策費	18,293	21,299
生活保護等対策費	1,438,447	(1,426,882) 1,435,302
社会福祉諸費	34,603	(33,634) 34,152
独立行政法人国立重度知的障害者総合施設のぞみの園運営費	1,231	1,316
社会福祉施設整備費	4,905	(5,401) 16,073
独立行政法人福祉医療機構運営費	3,163	(1,726) 3,924
障害保健福祉費	1,721,258	(2,053,613) 2,065,953
公的年金制度等運営諸費	7,214	(7,653) 7,654
私的年金制度整備運営費	4	4
高齢者日常生活支援等推進費	4,993	5,073
介護保険制度運営推進費	23,694	(30,350) 42,441
業務取扱費年金特別会計へ繰入	107,342	(107,547) 107,536
児童虐待等防止対策費	—	(19,596) 20,821
子ども・子育て支援対策費	—	(3,973) 4,359
児童福祉施設整備費	—	(6,346) 10,810
独立行政法人国立重度知的障害者総合施設のぞみの園施設整備費	—	165
国立障害者リハビリテーションセンター費	7,673	(7,907) 8,122
地方厚生局費	1,273	1,330
計	4,309,281	(4,175,867) 4,545,198

また、所管別に区分して示すと、次のとおりである。

	5年度(百万円)	4年度(百万円)
内　閣　府	813,429	(43,172) 135,166
こども家庭庁	813,429	—
内　閣　本　府	—	(—) 91,780
子ども・子育て本部	—	(43,172) 43,386
財　務　省	127	118
厚　生　労　働　省	3,495,724	(4,132,577) 4,409,913
計	4,309,281	(4,175,867) 4,545,198

その内容の主なものは、次のとおりである。

（1）母子保健衛生対策費

地方公共団体が行う妊娠時から出産・子育てまで一貫した伴走型相談支援と、妊娠届出・出生届出を行った妊婦等に対する経済的支援の一体的な実施等に必要な経費として、49,928百万円を計上している。

（2）保育対策費

待機児童の解消に向けた「新子育て安心プラン」に基づき、保育の受け皿整備を推進するとともに、保育士・保育現場の魅力向上等の保育人材確保のための総合的な対策等を実施することとし、45,702百万円を計上している。

（3）子ども・子育て支援年金特別会計へ繰入

「児童手当法」(昭46法73)等に基づく特例給付等の支給に要する費用の国庫負担等として、37,607百万円を計上している。

（4）児童虐待防止等対策費

「児童虐待防止対策の更なる推進について」(4年9月2日関係閣僚会議決定)等を踏まえ、児童虐待防止対策・社会的養育を迅速かつ強力に推進するための施策等を実施することとし、21,491百万円を計上している。

（5）母子家庭等対策費

「児童扶養手当法」(昭36法238)に基づき、地方公共団体が生別母子世帯等に対して支給する児童扶養手当給付費の国庫負担等に必要な経費として、166,416百万円を計上している。

（6）障害児支援等対策費

「児童福祉法」(昭22法164)に基づき、地方公共団体が支弁する障害児入所給付費等の国庫負担に必要な経費として、448,269百万円を計上している。

（7）医療保険給付諸費

医療保険給付諸費については、全国健康保険協会等の事務費に係る国庫負担及び国民健康保険組合が行う出産育児一時金の支給に係る国庫補助等を行うとともに、高齢者医療制度の円滑な運営を図るため、健康保険組合に対する国庫補助等を行うこととし、111,875百万円を計上している。

（8）健康増進対策費

「国民健康保険法」(昭33法192)に基づく特定健康診査及び特定保健指導に要する費用の国庫負担等として、18,293百万円を計上している。

（9）生活保護等対策費

「生活保護法」(昭25法144)に基づき、地方公共団体が支弁する生活扶助費等及び保護施設の事務費並びに「中国残留邦人等の円滑な帰国の促進並びに永住帰国した中国残留邦人等及び特定配偶者の自立の支援に関する法律」(平6法30)に基づく生活支援給付金等に対する国庫負担並びに生活保護法実施のための指導監査職員の設置に要する国の委託に必要な経費として、1,357,372百万円を計上している。

このほか、生活困窮者の自立支援等に必要な経費として、81,075百万円を計上している。

(注)　生活保護費は、この生活扶助等社会福祉費のほか、医療扶助費等が医療給付費に、介護扶助費等が介護給付費に計上されており、生活保護費の総額は2,831,963百万円となっている。

	5年度(百万円)	4年度(百万円)
保　護　費	2,790,100	(2,801,346) 2,791,406
生　活　扶　助	816,459	(805,213) 808,207
住　宅　扶　助	484,504	(480,224) 474,839
教　育　扶　助	6,279	(6,618) 6,919

	5年度	4年度
医 療 扶 助	1,387,157	(1,416,152) 1,408,936
介 護 扶 助	83,131	(80,770) 80,051
そ の 他	12,570	(12,367) 12,455
保護施設事務費	32,023	(32,052) 32,509
中国残留邦人等に対する生活支援給付金等	8,010	8,122
指導監査職員設置費	1,830	(1,847) 1,860
計	2,831,963	(2,843,367) 2,833,898

(10) 社 会 福 祉 諸 費

　社会福祉事業に係るサービス提供体制の確保を図るため、社会福祉振興助成事業、社会福祉施設職員等の退職手当共済事業、社会福祉事業施設整備等の貸付事業を行うための借入金等に係る利子の補給事業等を行うこととし、34,603百万円を計上している。

(11) 障害保健福祉費

　障害者及び障害児の福祉の増進を図るため、自立支援給付、地域生活支援事業、特別障害者手当等の給付等に対する国庫負担等を行うとともに、特別児童扶養手当等の給付等を行うこととし、1,721,258百万円を計上している。

(12) 介護保険制度運営推進費

　介護保険制度の適切な運営を図るため、高齢者の自立支援・重度化防止等に関する取組の推進、介護施設等における防災対策等の推進等に必要な経費として、23,694百万円を計上している。

(13) 業務取扱費年金特別会計へ繰入

　「厚生年金保険法」(昭29法115)に基づく厚生年金保険事業の事務に要する費用の財源に充てるため等の年金特別会計業務勘定への繰入れに必要な経費として、107,342百万円を計上している。

6　保健衛生対策費

5年度(百万円)	4年度(百万円)	比較増△減(百万円)
475,370	(475,552) 3,849,780	(△ 182) △ 3,374,410

　この経費は、「感染症の予防及び感染症の患者に対する医療に関する法律」(平10法114)等に基づく感染症対策等に必要な経費である。

　経費の内訳は、次のとおりである。

	5年度(百万円)	4年度(百万円)
こども政策推進費	645	―
医療提供体制確保対策費	26,564	(27,329) 29,177
医療従事者等確保対策費	462	416
医療情報化等推進費	1,472	1,486
医療安全確保推進費	1,308	1,384
国立研究開発法人国立がん研究センター運営費	6,736	6,556
国立研究開発法人国立がん研究センター施設整備費	246	131
国立研究開発法人国立循環器病研究センター運営費	4,134	3,824
国立研究開発法人国立精神・神経医療研究センター運営費	3,805	3,775
国立研究開発法人国立精神・神経医療研究センター施設整備費	1,514	1,529
国立研究開発法人国立国際医療研究センター運営費	6,780	6,791
国立研究開発法人国立国際医療研究センター施設整備費	463	477
国立研究開発法人国立成育医療研究センター運営費	3,300	3,456
国立研究開発法人国立長寿医療研究センター運営費	2,964	2,933
国立研究開発法人国立長寿医療研究センター施設整備費	269	―
感 染 症 対 策 費	149,179	(147,425) 3,341,849
特定疾患等対策費	6,530	(6,489) 7,003

項目		
ハンセン病資料館施設費	837	503
移植医療推進費	3,310	(3,277) 3,542
原爆被爆者等援護対策費	88,407	91,542
血液製剤対策費	493	503
医療技術実用化等推進費	1,438	(1,578) 57,051
医療提供体制基盤整備費	32,627	(31,295) 36,222
地域保健対策費	2,758	3,700
保健衛生施設整備費	3,601	3,623
健康増進対策費	14,776	(15,012) 15,556
健康危機管理推進費	608	476
生活基盤施設耐震化等対策費	20,154	(21,804) 56,341
麻薬・覚醒剤等対策費	438	435
生活衛生対策費	3,023	(3,369) 3,832
自殺対策費	3,612	3,472
戦没者慰霊事業費	3,320	3,276
障害保健福祉費	3,729	(4,160) 4,559
国際機関活動推進費	1,083	(1,275) 12,399
厚生労働調査研究等推進費	16,941	(17,403) 26,438
国立研究開発法人国立成育医療研究センター施設整備費	—	301
検疫所費	24,233	(21,007) 80,448
国立ハンセン病療養所費	31,506	(32,141) 33,375
地方厚生局費	2,104	1,399
計	475,370	(475,552) 3,849,780

その内容の主なものは、次のとおりである。

（1）感染症対策費

　感染症の発生・まん延の防止を図るため、感染症対策費として、149,179百万円を計上している。

　そのうち、肝炎対策については、「肝炎対策基本法」(平21法97)等を踏まえ、総合的な肝炎対策を推進するため、肝炎治療に関す

る医療費助成に必要な経費として、7,207百万円、肝炎ウイルス検査等に必要な経費として、2,305百万円(このほか、科学技術振興費等を加え17,014百万円)を計上している。

（2）原爆被爆者等援護対策費

　原爆被爆者等援護対策費については、引き続き、各種手当等の交付等を行うこととし、88,407百万円を計上している。

（3）医療提供体制基盤整備費

　医療提供体制基盤整備費については、医療施設等の整備を行うとともに、都道府県の主体的かつ弾力的な事業運営等による医療提供体制の整備を行うこととし、32,627百万円を計上している。

　そのうち、救命救急センター運営事業、周産期母子医療センター運営事業、ドクターヘリ導入促進事業等の推進を図るため、救急・周産期医療対策等として、25,055百万円を計上している。

（4）健康増進対策費

　生活習慣の改善等により健康寿命の延伸等を図るため、健康増進対策費として、14,776百万円を計上している。

　そのうち、がん対策については、「がん対策基本法」(平18法98)及び「がん対策推進基本計画」(30年3月9日閣議決定)を踏まえ、がんの予防・早期発見等を推進することとし、10,129百万円(このほか、科学技術振興費等に加え、特別会計も含め35,683百万円)を計上している。

（5）生活基盤施設耐震化等対策費

　生活基盤施設耐震化等対策費については、水道施設の耐災害性強化・広域化等の推進を図るための経費として、20,154百万円を計上している。

（6）国立ハンセン病療養所費

　国立ハンセン病療養所費については、入所者の高齢化等を踏まえた体制の充実等を図るとともに、療養所施設の整備を推進することとし、31,506百万円を計上している。

7　雇用労災対策費

5年度(百万円)	4年度(百万円)	比較増△減(百万円)
	(75,823)	(△ 31,165)
44,657	854,697	△ 810,039

　この経費は、「雇用保険法」(昭49法116)に基づく失業等給付等に必要な経費である。

　経費の内訳は、次のとおりである。

	5年度(百万円)	4年度(百万円)
特定石綿被害建設業務労働者等給付金等支給諸費	295	(302) 262
労働者災害補償保険保険給付費労働保険特別会計へ繰入	7	8
高齢者等雇用安定・促進費	11,414	(21,614) 69,105
失業等給付費等労働保険特別会計へ繰入(雇用保険国庫負担金)	18,972	(39,704) 771,127
就職支援法事業費労働保険特別会計へ繰入	6,425	6,712
職業能力開発強化費	5,057	5,009
若年者等職業能力開発支援費	1,334	1,302
障害者等職業能力開発支援費	1,079	1,097
船員雇用促進対策事業費	75	75
計	44,657	(75,823) 854,697

　その内容の主なものは、次のとおりである。

（1）　高齢者等雇用安定・促進費

　　シルバー人材センターの円滑な運営、新卒者の就職支援、就職困難者の就労支援等に必要な経費として、11,414百万円を計上している。

（2）　雇用保険国庫負担金

　　雇用保険については、最近における受給実績等を勘案し、求職者給付、介護休業給付金の支給及びその事務の執行に要する費用に充てるため18,972百万円を計上している。

（注）　雇用保険国庫負担金は、この雇用労災対策費に計上されているほか、育児休業給付金に要する費用が少子化対策費に計上されており、総額は28,503百万円となっている。

（3）　就職支援法事業費労働保険特別会計へ繰入

　　雇用保険を受給できない者に対し、職業訓練を行うとともに訓練期間中の生活支援のための給付等に要する費用に充てるため6,425百万円を計上している。

文教及び科学振興費

5年度(百万円)	4年度(百万円)	比較増△減(百万円)
	(5,390,096)	(25,695)
5,415,791	8,812,700	△ 3,396,910

1　義務教育費国庫負担金

5年度(百万円)	4年度(百万円)	比較増△減(百万円)
	(1,501,467)	(20,086)
1,521,553	1,515,650	5,903

　この経費は、「義務教育費国庫負担法」(昭27法303)に基づき、公立義務教育諸学校の教職員給与費等に係る経費について、国がその一部を負担するために必要な経費である。

　5年度においては、小学校高学年における教科担任制の推進等を図るため、1,100人の定数増を行うほか、小学校4年生の35人以下学級の実現や、通級による指導等のための基礎定数化に伴う743人の定数増を行うこととしている。一方、少子化の進展による基礎定数の自然減3,167人に加え、350人の加配定数の見直しを図るほか、国庫負担金の算定方法の見直し(800人相当)を行うこととしている。

2　科学技術振興費

5年度(百万円)	4年度(百万円)	比較増△減(百万円)
	(1,378,745)	(15,411)
1,394,155	4,181,855	△ 2,787,700

　この経費は、将来にわたる持続的な研究開発、重要課題への対応、基礎研究、人材育成など科学技術の振興を図るために必要な経費である。

　経費の内訳は、次のとおりである。

	5年度(百万円)	4年度(百万円)
本省等課題対応型研究開発等経費	254,759	(260,651) 609,289
国立研究開発法人等経費	1,108,255	(1,086,207) 3,539,148

<table>
<tr><td>各省等試験研究
機関経費</td><td>31,140</td><td>(31,887)
33,417</td></tr>
<tr><td>計</td><td>1,394,155</td><td>(1,378,745)
4,181,855</td></tr>
</table>

また、所管別に区分して示すと、次のとおりである。

	5年度(百万円)	4年度(百万円)
国会	1,090	1,142
内閣府	96,847	(97,280) 337,230
総務省	70,431	(66,085) 144,914
財務省	969	(1,011) 1,114
文部科学省	892,007	(886,291) 1,584,088
厚生労働省	66,915	(64,720) 69,921
農林水産省	94,548	(94,341) 103,663
経済産業省	112,172	(110,396) 1,869,199
国土交通省	29,542	(28,431) 40,166
環境省	29,633	(29,046) 30,418
計	1,394,155	(1,378,745) 4,181,855

その内容の主なものは、次のとおりである。

（1） 本省等課題対応型研究開発等経費

本省等における研究開発を推進するための経費として、254,759百万円を計上している。

内閣府においては、総合科学技術・イノベーション会議が司令塔機能を発揮し、府省・分野の枠を超えて基礎研究から実用化・事業化までをも見据えた研究開発を推進するために必要な経費等を計上している。

文部科学省においては、科学技術イノベーションを担う多様な人材の育成や活躍促進を図るための取組、我が国の総合的な国力の要となる量子、ＡＩ、次世代半導体をはじめとする重要先端技術の研究開発の推進等を行うこととしている。

厚生労働省においては、食品安全、労働安全衛生、化学物質対策、危機管理等の国民の安全確保に必要な研究など、科学的知見に基づく施策の推進に必要な研究を行うこととしている。

農林水産省においては、スマート農業普及のための環境整備、新たな品種開発の加速化や環境負荷低減に向けた研究開発等を行うこととしている。

経済産業省においては、サイバーセキュリティの強靱化や新産業創出につながる先導的な研究開発等を行うこととしている。

環境省においては、原発事故に伴う放射線の健康影響に係る不安の低減や風評被害を払拭するための調査研究等を行うこととしている。

（2） 国立研究開発法人等経費

国立研究開発法人等における研究開発を推進するための経費として、1,108,255百万円を計上している。

5年度においては、基礎研究をはじめとする研究者の自由な発想に基づく研究を支援するための科学研究費補助金等の配分、スーパーコンピュータ「富岳」の運用等、新型基幹ロケットの研究開発等の取組を推進することとしている。

（3） 各省等試験研究機関経費

感染症の予防治療方法、医療品、食品、化学物質の調査など、各省が所管する試験研究機関における調査・分析、研究開発、研究環境の整備等に必要な経費として、31,140百万円を計上している。

3 文教施設費

5年度(百万円)	4年度(百万円)	比較増△減(百万円)
74,257	(74,329) 201,707	(△ 72) △ 127,450

この経費は、「義務教育諸学校等の施設費の国庫負担等に関する法律」(昭33法81)に基づき、公立学校の施設整備費について、国が負担又は交付金を交付するために必要な経費等である。

公立学校施設整備費については、地方公共団体が行う公立小中学校施設の新増築や大規模改修等に要する経費の負担等に必要な経費として、73,718百万円を計上している。

経費の事業別及び所管別内訳は、次のとおりである。

	5 年度(百万円)	4 年度(百万円)
公立学校施設整備費	73,718	(73,835) 194,215
内 閣 府	5,000	5,000
文 部 科 学 省	68,718	(68,834) 189,215
公立学校施設災害復旧費	539	(495) 4,318
文 部 科 学 省	539	(495) 4,318
公立社会教育施設災害復旧費	—	(—) 3,174
文 部 科 学 省	—	(—) 3,174
計	74,257	(74,329) 201,707

4　教育振興助成費

5 年度(百万円)	4 年度(百万円)	比較増△減(百万円)
2,305,387	(2,313,852) 2,778,859	(△ 8,464) △ 473,471

この経費は、こどもの安全対策、教育政策の推進、初等中等教育の振興、高等教育の振興、私立学校教育の振興助成、国立大学法人への助成、スポーツの振興等のために必要な経費である。

経費の内訳は、次のとおりである。

	5 年度(百万円)	4 年度(百万円)
（内閣府所管）		
こども安全対策費	2,032	—
（文部科学省所管）		
教育政策推進費	42,341	(43,115) 57,047
初等中等教育振興費	518,122	(520,741) 556,257
高等教育振興費	5,752	(5,820) 323,092
独立行政法人大学改革支援・学位授与機構運営費	1,827	1,862
独立行政法人国立高等専門学校機構運営費	62,800	(62,515) 62,549
独立行政法人国立高等専門学校機構施設整備費	1,349	(951) 13,750
私立学校振興費	537,114	(539,804) 556,698
国立大学法人施設整備費	26,512	(31,636) 80,878
国立大学法人運営費	1,078,353	(1,078,634) 1,091,486
独立行政法人国立高等専門学校機構船舶建造費	—	(—) 3,926
スポーツ振興費	9,254	(8,077) 10,570
独立行政法人日本スポーツ振興センター運営費	19,932	20,604
独立行政法人日本スポーツ振興センター施設整備費	—	(93) 139
計	2,303,356	(2,313,852) 2,778,859
合　　　計	2,305,387	(2,313,852) 2,778,859

その内容の主なものは、次のとおりである。

（1）こども安全対策費

こども安全対策費については、独立行政法人日本スポーツ振興センターが行う学校の管理下における児童生徒等の災害に対する共済給付事業に要する経費として、2,032百万円を計上している。

（2）教育政策推進費

教育政策推進費については、在外教育施設教員派遣事業等の海外で学ぶ児童生徒等に対する教育、成長分野の中核を担う専門人材養成や放送等による大学教育の推進等の生涯を通じた学習機会の拡大、学校・家庭・地域の連携協力推進事業等の家庭・地域の教育力の向上等を行うため、所要の経費を計上している。

教育政策推進費の内訳は、次のとおりである。

	5 年度(百万円)	4 年度(百万円)
客観的根拠に基づく教育政策立案の推進	4,384	(4,225) 4,285
海外で学ぶ児童生徒等に対する教育	17,972	(17,219) 17,322
教育人材の養成・確保	242	(229) 2,480
生涯を通じた学習機会の拡大	10,107	(10,120) 12,597
家庭・地域の教育力の向上	7,863	(7,635) 8,909

	5年度(百万円)	4年度(百万円)
男女共同参画・共生社会の実現及び学校安全の推進	1,772	(3,688) 11,455
計	42,341	(43,115) 57,047

（3）　初等中等教育振興費

（イ）　確かな学力の育成については、義務教育諸学校の児童生徒が使用する教科用図書の無償給与、教員の事務負担軽減等に資する補習等指導員等派遣事業等を行うため、所要の経費を計上している。

（ロ）　豊かな心の育成については、道徳教育総合支援事業、いじめ対策・不登校支援等総合推進事業等を行うため、所要の経費を計上している。

（ハ）　健やかな体の育成については、学校保健及び食育の推進を図るため、所要の経費を計上している。

（ニ）　信頼される学校づくりについては、教育政策形成に関する実証研究事業等を行うため、所要の経費を計上している。

（ホ）　学校施設の整備推進については、多様化する学習内容・方法等に対応するため、所要の経費を計上している。

（ヘ）　教育機会の確保については、高校生等への修学支援、へき地学校の通学用バスの購入等を行うため、所要の経費を計上している。

（ト）　幼児教育の振興については、幼保小の架け橋プログラム事業、教育支援体制整備事業等を行うため、所要の経費を計上している。

（チ）　特別支援教育の推進については、特別支援教育充実事業、特別支援学校及び特別支援学級の児童生徒等の保護者等の経済的負担の軽減等を行うため、所要の経費を計上している。

初等中等教育振興費の内訳は、次のとおりである。

	5年度(百万円)	4年度(百万円)
確かな学力の育成	57,637	(56,776) 57,625
豊かな心の育成	8,854	8,283
健やかな体の育成	660	(647) 24,845
信頼される学校づくり	360	361
学校施設の整備推進	272	260
教育機会の確保	431,242	433,128
幼児教育の振興	1,799	(4,482) 14,951
特別支援教育の推進	17,299	16,803
計	518,122	(520,741) 556,257

（4）　高等教育振興費

高等教育振興費については、大学改革を促進させるため、教育研究に関する優れた取組を行う大学等に対して重点的に支援することとし、5,752百万円を計上している。

（5）　私立学校振興費

私立学校振興費については、配分の見直し等を通じて、教育研究の質の向上に取り組む私立大学等に対し重点的に支援することとし、所要の経費を計上している。

（イ）　私立大学等経常費補助については、配分の見直し等を通じて、私立大学等の運営の効率化を図りつつ、運営に必要な経常費に所要の助成を行うとともに、各大学等の特色ある取組に応じた支援を行うこととし、所要の経費を計上している。

（ロ）　私立高等学校等経常費助成費等補助については、各都道府県による私立高等学校等への助成の一部等を補助することとし、所要の経費を計上している。

（ハ）　私立学校施設整備費補助については、私立学校の教育に必要な施設の整備や防災機能の強化等のため、所要の経費を計上している。

（ニ）　私立大学等研究設備整備費等補助については、私立大学等の教育設備・研究設備の高度化や私立高等学校等の情報通信教育の充実等のため、所要の経費を計上している。

（ホ）　このほか、日本私立学校振興・共済事業団補助等について、所要の経費を計上し

ている。

私立学校振興費の内訳は、次のとおりである。

	5 年度(百万円)	4 年度(百万円)
日本私立学校振興・共済事業団補助	140,623	140,702
私立大学等研究設備整備費等補助	2,470	(2,604) 3,227
私立大学等経常費補助	285,384	(287,159) 287,580
私立高等学校等経常費助成費等補助	102,015	(102,001) 102,190
私立学校施設整備費補助	6,094	(6,550) 16,631
そ　の　他	528	(787) 6,368
計	537,114	(539,804) 556,698

（6）　国立大学法人施設整備費

国立大学法人施設整備費については、国立大学等における教育研究施設の整備を着実に推進することとし、26,512 百万円を計上している。

（7）　国立大学法人運営費

国立大学法人運営費については、大学改革のインセンティブとなるようメリハリを強化するため、教育研究組織の改革に関する取組への重点支援を図りつつ、成果を中心とする実績状況に基づく配分について達成率が高い指標を前提条件化する等の見直しを行うこととし、1,078,353 百万円を計上している。

（8）　スポーツ振興費

（イ）　共生社会及び多様な主体によるスポーツ参画の実現については、運動部活動の地域連携・地域移行の推進、スポーツ機会創出事業等を行うため、所要の経費を計上している。

（ロ）　競技力向上体制の構築については、ナショナルトレーニングセンター競技別強化拠点機能強化事業等を行うため、所要の経費を計上している。

（ハ）　スポーツを支える基盤の強化については、スポーツ×テクノロジー活用推進事業

等を行うため、所要の経費を計上している。

（ニ）　スポーツを通じた社会課題解決の推進については、スポーツオープンイノベーションプラットフォーム推進事業等を行うため、所要の経費を計上している。

スポーツ振興費の内訳は、次のとおりである。

	5 年度(百万円)	4 年度(百万円)
共生社会及び多様な主体によるスポーツ参画の実現	5,250	(4,297) 5,770
競技力向上体制の構築	3,059	(2,908) 3,929
スポーツを支える基盤の強化	223	224
スポーツを通じた社会課題解決の推進	722	648
計	9,254	(8,077) 10,570

（注）　国際競技力の向上に関する経費としては、このスポーツ振興費に計上されているほか、独立行政法人日本スポーツ振興センター運営費のうち競技力向上事業に要する経費 10,050 百万円を計上している。

5　育　英　事　業　費

5 年度(百万円)	4 年度(百万円)	比較増△減(百万円)
120,438	(121,703) 134,630	(△　　1,265) △　14,192

この経費は、経済的理由により修学に困難がある優れた学生等に対し、学資の貸与及び支給を行う独立行政法人日本学生支援機構に対する無利子貸与資金の貸付、貸与資金に係る利子補給金、貸与資金の返還免除及び回収不能債権の処理に要する経費の補助等である。

育英資金貸付金については、貸与基準を満たす希望者全員への貸与を確実に実施するため、100,304 百万円を計上している。

育英資金利子補給金については、財政融資資金等を原資とする無利子奨学金に係る利子補給金として 126 百万円を計上している。

育英資金返還免除等補助金については、貸与資金に係る返還免除及び回収不能債権の処理に要する経費について、所要の経費を計上している。

経費の内訳は、次のとおりである。

	5年度(百万円)	4年度(百万円)
育英資金返還免除等補助金	4,022	4,175
奨学金業務システム開発費補助金	—	(—) 5,762
育英資金利子補給金	126	(125) 55
育英資金貸付金	100,304	101,453
小　　計	104,451	(105,753) 111,445
独立行政法人日本学生支援機構運営費	15,885	(15,535) 17,419
独立行政法人日本学生支援機構施設整備費	102	(415) 5,765
計	120,438	(121,703) 134,630

国　債　費

5年度(百万円)	4年度(百万円)	比較増△減(百万円)
25,250,340	(24,339,285) 24,071,663	(911,055) 1,178,677

この経費は、公債の償還及び利子の支払に必要な経費と、公債の償還及び発行に関する諸費を国債整理基金特別会計へ繰り入れるもの等である。

（1）　債　務　償　還　費

	5年度(百万円)	4年度(百万円)
公 債 等 償 還	16,446,577	(15,753,736) 16,444,328
定 率 繰 入 分	15,722,797	14,982,451
社会資本整備事業特別会計整理収入等相当額繰入分	36,474	43,214
年金特例公債償還分	260,000	260,000
予 算 繰 入 分	427,306	468,071
決算剰余金繰入分	—	(—) 690,592
借 入 金 償 還	309,491	319,581
定 率 繰 入 分	140,132	149,474
予 算 繰 入 分	169,359	170,108
計	16,756,068	(16,073,317) 16,763,909

この経費は、前年度期首公債及び借入金総額の100分の1.6に相当する額（定率繰入分）、「日本電信電話株式会社の株式の売払収入の活用による社会資本の整備の促進に関する特別措置

法」（昭62法86）及び「特別会計に関する法律等の一部を改正する等の法律」（平25法76）に基づく社会資本整備事業特別会計整理収入等に相当する額（社会資本整備事業特別会計整理収入等相当額繰入分）、年金特例公債の償還財源に充てるための額（年金特例公債償還分）並びにその他公債等の償還に必要とされる額を計上するものである。

（2）　利 子 及 割 引 料

	5年度(百万円)	4年度(百万円)
公 債 利 子 等	8,386,497	(8,160,985) 7,234,579
年金特例公債利子	14,194	(13,781) 10,931
借 入 金 利 子	11,593	12,475
財務省証券利子	60,000	(60,000) 30,000
計	8,472,283	(8,247,240) 7,287,985

この経費は、公債、年金特例公債、借入金、財務省証券等の利子の支払に必要な経費である。

（3）　国債事務取扱費

5年度(百万円)	4年度(百万円)
21,989	(18,727) 19,769

この経費は、公債等の償還及び発行に関する諸費及び事務費である。

恩 給 関 係 費

5年度(百万円)	4年度(百万円)	比較増△減(百万円)
96,966	(122,149) 121,798	(△　25,183) △　24,831

（1）　文官等恩給費

5年度(百万円)	4年度(百万円)
4,847	(5,452) 5,438

この経費は、国会議員互助年金、文官等恩給及び文化功労者年金の支給に必要な経費であり、新規裁定による増加や失権による減少等を織り込んで所要経費を算定し、4,847百万円を計上している。

経費の内訳は、次のとおりである。

種別	支給人員(人)		金　額(百万円)	
	5 年度	4 年度	5 年度	4 年度
国会議員互助年金	600	638	1,668	1,774
文官等恩給費	2,178	2,717	2,202	2,719
文化功労者年金	279	(274) 270	977	(959) 945
計	3,057	(3,629) 3,625	4,847	(5,452) 5,438

（2） 旧軍人遺族等恩給費

5 年度(百万円)	4 年度(百万円)
85,194	108,867

　この経費は、旧軍人及びその遺族等に対する恩給支給に必要な経費であり、新規裁定による増加や失権による減少等を織り込んで所要経費を算定し、85,194百万円を計上している。

　経費の内訳は、次のとおりである。

種別	支給人員(千人)		金　額(百万円)	
	5 年度	4 年度	5 年度	4 年度
普通扶助料	103	131	64,187	82,071
公務関係扶助料	9	12	16,171	19,980
その他	7	10	4,836	6,816
計	120	152	85,194	108,867

（3） 恩給支給事務費

5 年度(百万円)	4 年度(百万円)
671	(726) 585

　この経費は、国会議員互助年金、文官等恩給並びに旧軍人及びその遺族等に対する恩給の支給事務等を処理するために必要な経費である。

（4） 遺族及び留守家族等援護費

5 年度(百万円)	4 年度(百万円)
6,255	(7,104) 6,908

　この経費は、「戦傷病者戦没者遺族等援護法」（昭27法127）に基づく遺族年金等の支給、「戦傷病者特別援護法」（昭38法168）に基づく療養の給付、「中国残留邦人等の円滑な帰国の促進並びに永住帰国した中国残留邦人等及び特定配偶者の自立の支援に関する法律」（平6法30）に基づく中国残留邦人等に対する一時金の支給等

に必要な経費である。

（イ） 遺族及留守家族等援護費については、遺族年金や障害年金等の支給並びに療養の給付について最近の実績を基礎として見込み、5,200百万円を計上している。

（ロ） 中国残留邦人等支援事業費については、永住帰国した中国残留邦人等に対する一時金の支給等の支援策を実施することとし、1,054百万円を計上している。

　経費の内訳は、次のとおりである。

	5 年度(百万円)	4 年度(百万円)
戦傷病者戦没者遺族年金等	4,244	(4,982) 4,786
遺族年金	1,448	(1,905) 1,846
遺族給与金	1,088	(1,226) 1,188
障害年金	1,032	(1,189) 1,153
その他	676	(663) 599
戦傷病者等療養給付	219	239
特別給付金等支給事務費	737	812
中国残留邦人等支援事業費	1,054	1,071
戦傷病者等無賃乗車船等負担金	1	0
計	6,255	(7,104) 6,908

地方交付税交付金等

5 年度(百万円)	4 年度(百万円)	比較増△減(百万円)
16,399,176	(15,882,539) 17,513,366	(516,637) △ 1,114,190

1　地方交付税交付金

5 年度(百万円)	4 年度(百万円)	比較増△減(百万円)
16,182,276	(15,655,839) 17,290,659	(526,437) △ 1,108,383

　この経費は、所得税、法人税、酒税及び消費税の収入額のそれぞれ一定割合の額を、地方交付税交付金として、交付税及び譲与税配付金特別会計を通じて地方団体に交付するために必要な経費である。

　5年度においては、各税の収入見込額の一定割合（所得税及び法人税にあっては100分の

33.1、酒税にあっては100分の50並びに消費税にあっては100分の19.5)に相当する額16,950,030百万円から、20年度、21年度、28年度、元年度及び2年度の地方交付税の精算額のうち「地方交付税法」（昭25 法211）等に基づき、5年度分の地方交付税の総額から減額することとされている額783,154百万円を控除し、加算することとされている額15,400百万円を加えた額16,182,276百万円を地方交付税交付金として計上している。

2　地方特例交付金

5年度(百万円)	4年度(百万円)	比較増△減(百万円)
	(226,700)	(△　9,800)
216,900	222,707	△　5,807

この経費は、交付税及び譲与税配付金特別会計を通じて、地方公共団体に対し地方特例交付金及び新型コロナウイルス感染症対策地方税減収補塡特別交付金を交付するために必要な経費である。

（1）　地方特例交付金財源の交付税及び譲与税配付金特別会計繰入

「地方特例交付金等の地方財政の特別措置に関する法律」（平11法17）に基づき、個人住民税における住宅借入金等特別税額控除による減収額を補塡するため、地方特例交付金を交付税及び譲与税配付金特別会計を通じて地方公共団体に交付することとし、204,500百万円を計上している。

（2）　新型コロナウイルス感染症対策地方税減収補塡特別交付金財源の交付税及び譲与税配付金特別会計繰入

「地方税法」（昭25法226）に基づき、「新型コロナウイルス感染症緊急経済対策」（2年4月20日閣議決定）における税制上の措置として生じた固定資産税の収入の減少に伴う地方公共団体の減収額を補塡するため、新型コロナウイルス感染症対策地方税減収補塡特別交付金を交付税及び譲与税配付金特別会計を通じて地方公共団体に交付することとし、12,400百万円を計上している。

（参考）地方財政

5年度の地方財政については、骨太方針2021等を踏まえ、国の一般歳出の取組と基調を合わせつつ、地方の安定的な財政運営に必要となる一般財源の総額について、3年度の水準を下回らないよう実質的に同水準を確保することとしている。

歳出においては、「デジタル田園都市国家構想基本方針」（4年6月7日閣議決定）等を踏まえ、「地域デジタル社会推進費」について事業期間を延長（5年度～7年度）するとともに、「マイナンバーカード利活用特別分」として5年度及び6年度に50,000百万円増額することとしている。また、「まち・ひと・しごと創生事業費」を「地方創生推進費（仮称）」に名称変更した上で、これと地域デジタル社会推進費を内訳として、「デジタル田園都市国家構想事業費（仮称）」を創設することとしている。

歳入においては、5年度に地方団体に交付される地方交付税の総額は、一般会計から交付税及び譲与税配付金特別会計に繰り入れられる地方交付税交付金16,182,276百万円に、地方法人税の税収の全額から28年度地方法人税決算精算額を控除した額1,891,876百万円、4年度における地方交付税交付金の未交付額1,424,151百万円、同特別会計の剰余金の活用額等を加算した額から、同特別会計において5年度に行う借入金の償還額1,300,000百万円及び同特別会計の借入金等利子負担額57,200百万円を控除した額18,361,103百万円（4年度当初予算比307,290百万円、1.7%増）となっている。

地方税については、家計の資産を貯蓄から投資へと積極的に振り向け、資産所得倍増につなげるため、ＮＩＳＡの抜本的拡充・恒久化を行うこととし、また、自動車税及び軽自動車税の環境性能割等を見直すこととしている。

地方債については、5年度の地方債計画において、引き続き厳しい地方財政の状況の下で、地方財源の不足に対処するための措置を講じ、また、地方公共団体が緊急に実施する防災・減災対策、公共施設等の適正管理、地域の脱炭素化、地域の活性化への取組等を着実に推進できるよう、所要の地方債資金の確保を図ること

し、総額は9,499,397百万円（4年度当初地方債計画10,181,387百万円）となっている。このうち、臨時財政対策債については、994,597百万円（4年度当初地方債計画1,780,487百万円）であり、過去最少となっている。

また、地方債に充てる資金については、地方公共団体ごとの資金調達能力及び資金使途に着目した公的資金の重点化方針を維持することに加えて、住民生活に密着した社会資本整備等を推進するため、地方公共団体の円滑な資金調達に配慮し、財政融資資金2,423,800百万円（4年度当初地方債計画2,626,400百万円）、地方公共団体金融機構資金1,641,900百万円（4年度当初地方債計画1,746,400百万円）を予定している。

（単位　百万円）

区　分	5　年　度	4　年　度	比較増△減
所 得 税 収 入 見 込 （イ）	21,048,000	20,382,000	666,000
地 方 交 付 税 の 率 （ロ）	$\frac{33.1}{100}$	$\frac{33.1}{100}$	
（イ）　×　（ロ）　（ハ）	6,966,888	6,746,442	220,446
法 人 税 収 入 見 込 （ニ）	14,602,000	13,336,000	1,266,000
地 方 交 付 税 の 率 （ホ）	$\frac{33.1}{100}$	$\frac{33.1}{100}$	
（ニ）　×　（ホ）　（ヘ）	4,833,262	4,414,216	419,046
酒 税 収 入 見 込 （ト）	1,180,000	1,128,000	52,000
地 方 交 付 税 の 率 （チ）	$\frac{50}{100}$	$\frac{50}{100}$	
（ト）　×　（チ）　（リ）	590,000	564,000	26,000
消 費 税 収 入 見 込 （ヌ）	23,384,000	21,573,000	1,811,000
地 方 交 付 税 の 率 （ル）	$\frac{19.5}{100}$	$\frac{19.5}{100}$	
（ヌ）　×　（ル）　（ヲ）	4,559,880	4,206,735	353,145
過 年 度 精 算 額 （ワ）	△　783,154	△　290,954	△　492,200
法 定 加 算 等 （カ）	15,400	15,400	―
特 例 加 算 （ヨ）	―	―	―
合　　　計 （タ） （ハ）＋（ヘ）＋（リ）＋（ヲ）＋ （ワ）＋（カ）＋（ヨ）	16,182,276	15,655,839	526,437

（参　考）

交付税及び譲与税配付金特別会計

地 方 法 人 税 （レ）	1,891,900	1,712,700	179,200
地方法人税過年度精算額 （ソ）	△　24	△　24	―
剰 余 金 活 用 （ツ）	120,000	―	120,000
返 還 金 （ネ）	1	103	△　102
機 構 準 備 金 活 用 （ナ）	100,000	―	100,000
借 入 金 償 還 額 （ラ）	△　1,300,000	△　500,000	△　800,000
借 入 金 等 利 子 （ム）	△　57,200	△　70,900	13,700
地 方 交 付 税 交 付 金 （ウ） （タ）＋（レ）＋（ソ）＋（ツ）＋ （ネ）＋（ナ）＋（ラ）＋（ム）	16,936,952	16,797,717	139,235
前年度における地方交付 税交付金の未交付額　（ヰ）	1,424,151	1,256,095	168,055

（単位 百万円）			
区　分	５　年　度	４　年　度	比較増△減
地方団体に交付すべき地方交付税交付金の総額（ノ）（ウ）＋（ヰ）	18,361,103	18,053,813	307,290

（注）　４年度の計数は、４年度地方財政計画による。

防 衛 関 係 費

５年度(百万円)	４年度(百万円)	比較増△減(百万円)
	(5,368,725)	(4,799,860)
10,168,585	5,810,492	4,358,093

　この経費は、自衛隊の管理・運営及びこれに関する事務、条約に基づく外国軍隊の駐留並びに防衛力強化資金(仮称)への繰入れ等に関するものとして計上される経費である。

　この経費を所管別に区分して示すと、次のとおりである。

	５年度(百万円)	４年度(百万円)
		(5,368,725)
防　衛　省	6,787,965	5,810,492
財　務　省	3,380,620	—
		(5,368,725)
合　　計	10,168,585	5,810,492

以下、所管別に説明する。

1　防 衛 省 所 管

５年度(百万円)	４年度(百万円)	比較増△減(百万円)
	(5,368,725)	(1,419,240)
6,787,965	5,810,492	977,473

（注）　上記の予算額に防衛省情報システム関係経費のうちデジタル庁計上分を加えた6,821,899百万円から、ＳＡＣＯ関係経費及び米軍再編関係経費(地元負担軽減に資する措置)を除いた5年度防衛力整備計画対象経費は、6,600,149百万円である。

　防衛省所管の防衛関係費については、4年12月16日の国家安全保障会議及び閣議において決定された「国家安全保障戦略」、「国家防衛戦略」及び「防衛力整備計画」に基づき、スタンド・オフ防衛能力や統合防空ミサイル防衛能力、施設整備等の重点分野を中心に防衛力を抜本的に強化するとともに、防衛力整備の一層の効率化・合理化を徹底することとし、ＳＡＣＯ関係経費及び米軍再編関係経費(地元負担軽減に資する措置)を含め、所要の経費を計上している。

　経費の内訳は、次のとおりである。

	５年度(百万円)	４年度(百万円)
		(5,153,651)
防　衛　本　省	6,431,084	5,595,757
		(20,129)
地　方　防　衛　局	21,820	19,664
		(194,945)
防　衛　装　備　庁	335,062	195,071
		(5,368,725)
計	6,787,965	5,810,492
うちＳＡＣＯ関係経費	11,489	13,686
うち米軍再編関係経費(地元負担軽減に資する措置)	210,261	(207,998) 500,404

（1）　防 衛 本 省

５年度(百万円)	４年度(百万円)
	(5,153,651)
6,431,084	5,595,757

　この経費は、防衛本省の業務の遂行に要する経費である。

　経費の内訳は、次のとおりである。

	５年度(百万円)	４年度(百万円)
防衛本省共通費	793,719	(743,178) 743,033
人　件　費	553,614	(591,079) 589,117
旅　　費	9,816	(9,134) 9,159
庁　　費	9,539	(8,244) 8,596
被　服　費	15,481	(5,650) 5,668
糧　食　費	38,705	37,263
そ　の　他	166,564	(91,808) 93,230
防衛本省施設費	3,130	3,838
旅　　費	1	1
庁　　費	125	135
施　設　費	3,005	3,702
自衛官給与費	1,471,768	(1,442,837) 1,447,858

	5年度	4年度
防衛力基盤強化推進費	806,601	(617,050) 640,307
うちSACO関係経費	9,784	11,863
うち米軍再編関係経費（地元負担軽減に資する措置）	43,970	(54,356) 54,389
防衛力基盤強化施設整備費	219,912	(178,655) 193,110
武器車両等整備費	1,117,142	(837,520) 882,311
艦船整備費	246,703	(169,190) 171,023
艦船建造費	188,827	(139,519) 140,579
航空機整備費	1,192,672	(654,900) 713,194
在日米軍等駐留関連諸費	386,223	(363,190) 656,708
うちSACO関係経費	1,706	1,823
うち米軍再編関係経費（地元負担軽減に資する措置）	166,291	(153,642) 446,015
独立行政法人駐留軍等労働者労務管理機構運営費	3,798	3,271
安全保障協力推進費	588	(504) 525
計	6,431,084	(5,153,651) 5,595,757

これを陸上、海上及び航空の各自衛隊等機関別に区分すれば、次のとおりである。

	5年度(百万円)	4年度(百万円)
陸 上 自 衛 隊	1,902,908	(1,740,662) 1,791,677
海 上 自 衛 隊	1,641,940	(1,287,262) 1,309,979
航 空 自 衛 隊	1,857,469	(1,163,434) 1,234,058
大臣官房及び各局	793,906	(743,639) 1,037,737
統 合 幕 僚 監 部	81,558	(97,715) 100,406
防 衛 大 学 校	19,720	(16,763) 16,895
防 衛 医 科 大 学 校	25,729	(22,981) 23,568
防 衛 研 究 所	2,563	(2,499) 2,477
情 報 本 部	104,647	(78,082) 78,350
防 衛 監 察 本 部	632	(601) 596
審 議 会 等	13	13
計	6,431,084	(5,153,651) 5,595,757

　また、新たに、継続費として総額199,846百万円（うち5年度歳出分8,289百万円）及び国庫債務負担行為として総額6,894,737百万円（うち5年度歳出分441,243百万円）を計上している。

　継続費は、全額艦船建造のためのものである。

　国庫債務負担行為の内訳は、次のとおりである。

	総額(百万円)	うち5年度歳出分(百万円)
防衛省職員採用試験問題作成等業務	6	4
事務機器借入れ等	4,068	160
情報化推進支援業務	258	55
自衛官特殊被服購入	5,999	—
庁舎管理運営業務	4,277	1,504
庁舎機械警備	4	1
防衛本省施設整備	2,963	144
退職予定自衛官進路相談等業務	284	95
教育訓練用器材購入	53,984	112
教育訓練用器材借入れ等	11,030	4,232
教育訓練用器材整備	15,284	73
装備品取得等効率化推進業務	129,744	5,936
住宅防音事業関連事務手続補助業務	1,438	479
提供施設等整備	42,902	7,169
障害防止対策施設整備	1,772	322
障害防止対策事業費補助	4,683	851
教育施設等騒音防止対策事業費補助	24,034	577
施設周辺整備助成補助	32,783	6,265

道路改修等事業費補助	2,148	390
公務員宿舎建設等	35,298	3,291
戦史史料保存業務	294	60
硫黄島航空基地給食業務	272	91
自衛隊施設周辺整備補償	36	—
医療器材購入	220	—
医療器材借入れ等	379	7
自衛隊施設整備	442,746	16,841
武 器 購 入	948,254	52,372
通信機器購入	321,139	26,722
車 両 購 入	44,221	—
弾 薬 購 入	576,341	42,736
諸 器 材 購 入	131,637	7,400
特定防衛調達武器購入	78,721	960
武器車両等整備	693,741	40,252
特定防衛調達諸器材整備	17,267	11,773
艦 船 整 備	224,908	15,680
艦 船 建 造	174,951	2,717
航 空 機 購 入	650,472	81,607
特定防衛調達航空機購入	304,741	9,754
航 空 機 整 備	1,323,254	61,142
特定防衛調達航空機整備	22,454	—
提供施設移設整備	565,731	39,465
計	6,894,737	441,243

　なお、上記のほか、外国為替相場の変更に伴う継続費の総額及び年割額の改定を行うとともに、物価の変動に伴う国庫債務負担行為の限度額の増額を行っている。
　具体的業務の主なものは次のとおりであり、スタンド・オフ防衛能力や統合防空ミサイル防衛能力、施設整備等の重点分野を中心に防衛力を抜本的に強化するとともに、安全保障環境の変化を踏まえ、日米同盟・諸外国との安全保障協力を強化するよう、所要の経費を計上している。
　なお、5年度における防衛力整備の一層の効率化・合理化の取組として、重要度の低下した装備品の運用停止・用途廃止、自衛隊独

自仕様の絞り込み、各プロジェクトのコスト管理の徹底等により、257,176百万円の効率化・合理化を実現している。
（イ）　陸上自衛隊においては、12式地対艦誘導弾能力向上型、03式中距離地対空誘導弾(改善型)、16式機動戦闘車24両、10式戦車9両、19式装輪自走155mm りゅう弾砲12両等の調達を行うとともに、各種器材及び施設の整備等を行うこととしている。
（ロ）　海上自衛隊においては、甲V型警備艦(3,900トン型) 2隻、潜水艦(3,000トン型) 1隻、哨戒艦4隻等の建造、固定翼哨戒機（P－1）3機、哨戒ヘリコプター（SH－60K（能力向上型))6機及び掃海・輸送ヘリコプター（MCH－101）2機の調達を行うとともに、十分な修理費等の確保により艦艇・航空機等の運用効率の向上を図るほか、各種器材及び施設の整備等を行うこととしている。
（ハ）　航空自衛隊においては、早期警戒機（E－2D）5機、戦闘機（F－35A）8機、戦闘機（F－35B）8機、輸送機（C－2）2機等の調達を行うとともに、十分な修理費等の確保により航空機等の運用効率の向上を図るほか、各種器材及び施設の整備等を行うこととしている。
（ニ）　基地対策等の推進のため、以下の経費を計上している。
（a）「防衛施設周辺の生活環境の整備等に関する法律」(昭49法101)等に基づき、自衛隊施設及び提供施設の維持運営等に関連し必要な、障害及び騒音の防止措置、飛行場等周辺の移転措置、民生安定施設の助成措置等を行うための所要の経費を計上している。
（b）「日本国とアメリカ合衆国との間の相互協力及び安全保障条約第6条に基づく施設及び区域並びに日本国における合衆国軍隊の地位に関する協定第24条についての新たな特別の措置に関する日本国とアメリカ合衆国との間の協定」(令4

条2）に基づき、労務費、光熱水料等、訓練資機材調達費及び訓練移転費を負担するとともに、「日本国とアメリカ合衆国との間の相互協力及び安全保障条約第6条に基づく施設及び区域並びに日本国における合衆国軍隊の地位に関する協定」（昭35条7。以下「地位協定」という。）に基づき、提供施設の整備及び基地従業員対策等を行うための所要の経費を計上している。

（ｃ） 地位協定等に基づく提供施設の維持運営等に関連し必要な土地の購入及び借上げ、各種の補償、現在提供中の施設及び区域の返還を受けるため、当該施設及び区域を集約移転するための所要の経費を計上している。

（ホ） 米軍再編関係経費（地元負担軽減に資する措置）については、普天間飛行場の移設に要する経費等 210,261 百万円を計上している。

（参 考） 主要装備の国庫債務負担行為等

	数 量	総 額 （百万円）	うち5年度 歳出分 （百万円）
陸 上 自 衛 隊			
12式地対艦誘導弾能力向上型	1式	11,515	—
03式中距離地対空誘導弾（改善型）	1式	24,770	8
16式機動戦闘車	24両	21,326	—
10 式 戦 車	9両	14,821	—
19式装輪自走155mm りゅう弾砲	12両	10,142	0
海 上 自 衛 隊			
甲V型警備艦	2隻	116,664	3,022
潜 水 艦	1隻	80,840	5,267
哨 戒 艦	4隻	35,663	51
固定翼哨戒機（P-1）	3機	91,445	19
哨戒ヘリコプター（SH-60K（能力向上型））	6機	60,321	—
掃海・輸送ヘリコプター（MCH-101）	2機	35,123	466
航 空 自 衛 隊			
早期警戒機（E-2D）	5機	194,062	9,747
戦闘機（F-35A）	8機	106,913	35,146
戦闘機（F-35B）	8機	143,460	7,173
輸送機（C-2）	2機	59,713	34,379

（注） 上記の計数は、弾薬の取得に必要な経費を除いた、装備品の取得等に必要な経費を計上している。なお、弾薬の取得に必要な経費は、国庫債務負担行為の弾薬購入に計上されている。

（2） 地 方 防 衛 局

5年度（百万円）	4年度（百万円）
	(20,129)
21,820	19,664

この経費は、地方防衛局の業務の遂行に必要な経費である。

経費の内訳は、次のとおりである。

	5年度（百万円）	4年度（百万円）
地 方 防 衛 局	21,695	(20,065) 19,601
人 件 費	18,417	(17,942) 17,419
そ の 他	3,278	(2,123) 2,182
地方防衛局施設費	125	64
旅 費	0	—
庁 費	3	—
施 設 費	122	64
計	21,820	(20,129) 19,664

また、新たに、国庫債務負担行為として総額 1,178 百万円（うち5年度歳出分 225 百万円）を計上している。

国庫債務負担行為の内訳は、次のとおりである。

	総額（百万円）	うち5年度 歳出分（百万円）
競争導入公共サービス施設管理運営業務	0	0
庁舎管理運営業務	602	195
庁舎機械警備	3	1
事務機器借入れ等	484	0

	5年度(百万円)	4年度(百万円)
地方防衛局施設整備	89	29
計	1,178	225

（3）防 衛 装 備 庁

5年度(百万円)	4年度(百万円)
	(194,945)
335,062	195,071

この経費は、防衛装備庁の業務の遂行に必要な経費である。

経費の内訳は、次のとおりである。

	5年度(百万円)	4年度(百万円)
防衛装備庁共通費	24,278	(18,312) 18,429
人 件 費	17,085	(16,279) 16,335
そ の 他	7,193	(2,032) 2,094
防衛力基盤強化推進費	288,513	(166,285) 166,294
防衛力基盤強化施設整備費	22,270	10,348
計	335,062	(194,945) 195,071

また、新たに、国庫債務負担行為として総額966,212百万円（うち5年度歳出分44,807百万円）を計上している。

国庫債務負担行為の内訳は、次のとおりである。

	総額(百万円)	うち5年度歳出分(百万円)
事務機器借入れ等	593	5
庁舎管理運営業務	579	195
研 究 開 発	849,530	31,755
防衛通信衛星整備等支援業務	164	—
装備品取得等効率化推進業務	55,136	5,939
サイバーセキュリティ対策支援業務	1,223	—
装備品安定製造等確保事業	34,847	5,808
自衛隊施設整備	24,140	1,105
計	966,212	44,807

研究開発については、12式地対艦誘導弾能力向上型（地上発射型・艦艇発射型・航空機発射型）をはじめとする誘導弾、次期戦闘機等の開発のほか、民生分野の技術の取込み等に係る経費を計上している。

2 財 務 省 所 管

5年度(百万円)	4年度(百万円)	比較増△減(百万円)
3,380,620	—	3,380,620

財務省所管の防衛関係費については、「我が国の防衛力の抜本的な強化等のために必要な財源の確保に関する特別措置法」（仮称）に基づく防衛力強化資金（仮称）への繰入れに必要な経費を計上している。

公共事業関係費

5年度(百万円)	4年度(百万円)	比較増△減(百万円)
6,059,994	(6,057,392) 8,053,122	(2,602) △ 1,993,128

公共事業関係費は、治山治水対策事業費、道路整備事業費、港湾空港鉄道等整備事業費、住宅都市環境整備事業費、公園水道廃棄物処理等施設整備費、農林水産基盤整備事業費、社会資本総合整備事業費、推進費等及び災害復旧等事業費に大別される。

5年度予算を大別して示すと、次のとおりである。

令和5年度公共事業関係費対前年度比較表

(単位 百万円)

区 分	5 年 度	4 年 度		比 較 増 △ 減	
		当 初	補正(第2号)後	当 初	補正(第2号)後
治 山 治 水 対 策	954,384	950,737	1,282,843	3,647	△ 328,459
治 水	851,796	848,413	1,134,195	3,383	△ 282,399
治 山	62,291	62,027	87,485	264	△ 25,194

区　分	5 年 度	4 年 度 当　初	補正(第2号)後	比　較　増△減 当　初	補正(第2号)後
海　　　　　岸	40,297	40,297	61,163	—	△　20,866
道　路　整　備	1,671,083	1,665,986	1,979,681	5,097	△　308,598
港湾空港鉄道等整備	397,584	398,783	493,188	△　1,199	△　95,604
港　湾　整　備	244,403	243,903	323,305	500	△　78,902
空　港　整　備	28,742	32,826	32,787	△　4,084	△　4,045
都市・幹線鉄道整備	22,822	23,822	32,020	△　1,000	△　9,198
整備新幹線整備	80,372	80,372	80,372	—	—
船舶交通安全基盤整備	21,245	17,860	24,705	3,385	△　3,460
住宅都市環境整備	730,657	729,932	977,435	725	△　246,778
住　宅　対　策	156,171	157,963	330,352	△　1,792	△　174,181
都市環境整備	574,486	571,969	647,083	2,517	△　72,597
公園水道廃棄物処理等	178,362	161,911	235,996	16,451	△　57,634
下　　水　　道	77,295	61,359	68,950	15,936	8,345
水道施設整備	17,036	16,936	19,449	100	△　2,413
廃棄物処理施設整備	41,727	41,727	95,671	—	△　53,944
工　業　用　水　道	2,163	2,163	3,626	—	△　1,463
国　営　公　園　等	32,386	31,971	36,565	415	△　4,179
自　然　公　園　等	7,755	7,755	11,735	—	△　3,980
農林水産基盤整備	607,848	607,921	845,481	△　73	△　237,633
農業農村整備	332,303	332,136	498,966	167	△　166,663
森　林　整　備	125,249	124,718	168,455	531	△　43,206
水産基盤整備	72,906	72,669	99,662	237	△　26,756
農山漁村地域整備	77,390	78,398	78,398	△　1,008	△　1,008
社会資本総合整備	1,380,489	1,397,301	1,711,694	△　16,812	△　331,205
推　進　費　等	61,938	67,573	67,773	△　5,635	△　5,835
計	5,982,345	5,980,144	7,594,091	2,201	△　1,611,746
災　害　復　旧　等	77,649	77,248	459,031	401	△　381,382
災　害　復　旧	54,386	54,083	332,523	303	△　278,137
災　害　関　連	23,263	23,165	126,508	98	△　103,245
合　　　計	6,059,994	6,057,392	8,053,122	2,602	△　1,993,128

　この経費を北海道、離島、沖縄及びその他の地域別に区分して示すと、次のとおりである。

	北 海 道	離　島	沖　縄	その他	計
治山治水対策	102,190	2,189	5,237	844,768	954,384
道　路　整　備	218,934	1,977	36,102	1,414,070	1,671,083
港湾空港鉄道等整備	23,023	5,360	16,142	353,059	397,584
住宅都市環境整備	27,189	1,782	7,338	694,348	730,657
公園水道廃棄物処理等	7,660	2,451	8,717	159,534	178,362
農林水産基盤整備	118,264	21,347	18,163	450,074	607,848
社会資本総合整備	57,198	20,280	16,679	1,286,332	1,380,489
推　進　費　等	4,413	—	2,619	54,906	61,938
計	558,871	55,386	110,997	5,257,091	5,982,345
災　害　復　旧　等	28	—	—	77,621	77,649
合　　　計	558,899	55,386	110,997	5,334,712	6,059,994

　（注）　「離島」欄は、奄美群島における公共事業関係費 17,659 百万円を含んでいる。

また、所管別に区分して示すと、次のとおりである。

	5年度(百万円)	4年度(百万円)
内 閣 府	150,774	(150,116) 162,027
厚 生 労 働 省	4,754	(5,281) 9,574
農 林 水 産 省	523,650	(524,524) 770,283
経 済 産 業 省	2,006	(2,025) 3,475
国 土 交 通 省	5,333,416	(5,330,052) 7,012,659
環 境 省	45,394	(45,394) 95,103
合 計	6,059,994	(6,057,392) 8,053,122

以下、事項別に説明する。

1 治山治水対策事業費

5年度(百万円)	4年度(百万円)	比較増△減(百万円)
954,384	(950,737) 1,282,843	(3,647) △ 328,459

この経費は、治水、治山及び海岸の公共施設整備のための経費である。

（1） 治 水 事 業

5年度(百万円)	4年度(百万円)
851,796	(848,413) 1,134,195

治水事業については、頻発・激甚化する水災害に対応するため、あらゆる関係者が協働して取り組む「流域治水」を推進し、ハード・ソフト一体の事前防災対策として堤防やダムの整備、河道掘削等を実施することとしている。

また、河川管理施設等の老朽化対策については、コストの縮減や事業の効率化に資する新技術の活用等を進めるとともに、個別補助により集中的・計画的に実施することとしている。

以上の経費の内訳は、次のとおりである。

	5年度(百万円)	4年度(百万円)
河川整備事業	549,326	(542,849) 764,643
多目的ダム建設事業	75,341	(79,041) 85,656
総合流域防災事業	7,313	(6,970) 13,108

	5年度(百万円)	4年度(百万円)
砂 防 事 業	121,943	(121,140) 173,311
工 事 諸 費 等	97,872	(98,412) 97,476
計	851,796	(848,413) 1,134,195

この経費の所管別内訳は、次のとおりである。

	5年度(百万円)	4年度(百万円)
内 閣 府	4,807	(4,506) 4,594
国 土 交 通 省	846,989	(843,907) 1,129,602
計	851,796	(848,413) 1,134,195

（2） 治 山 事 業

5年度(百万円)	4年度(百万円)
62,291	(62,027) 87,485

治山事業については、流域治水と連携した治山対策を推進するとともに、荒廃山地等の復旧及び重要な水源地域における保安林の整備を重点的に実施することとしている。

以上の経費の所管別内訳は、次のとおりである。

	5年度(百万円)	4年度(百万円)
内 閣 府	356	(356) 463
農 林 水 産 省	54,705	(54,378) 76,214
国 土 交 通 省	7,230	(7,293) 10,808
計	62,291	(62,027) 87,485

（3） 海 岸 事 業

5年度(百万円)	4年度(百万円)
40,297	(40,297) 61,163

海岸事業については、津波による被災の危険性が高い大規模地震の対策地域において、背後地に人口・資産集積地区や重要交通基盤・生産基盤を抱える海岸等における津波・高潮対策に重点化することとしている。

また、海岸保全施設の老朽化対策については、コストの縮減や事業の効率化に資する新技術の活用等を進めるとともに、個別補助により集中的・計画的に実施することとしてい

る。

以上の経費の所管別内訳は、次のとおりである。

	5年度(百万円)	4年度(百万円)
内 閣 府	74	(47) 200
農 林 水 産 省	7,316	(7,331) 9,668
国 土 交 通 省	32,907	(32,919) 51,295
計	40,297	(40,297) 61,163

2 道路整備事業費

5年度(百万円)	4年度(百万円)	比較増△減(百万円)
1,671,083	(1,665,986) 1,979,681	(5,097) △ 308,598

道路整備事業については、道路施設の着実な点検・修繕、新技術を活用した老朽化対策の効率的実施や、地方公共団体における橋梁等の老朽化対策等について個別補助による重点的・効果的な支援を推進するほか、空港・港湾等へのアクセス道路など生産性向上・成長力強化につながる道路ネットワークの整備等を推進することとしている。

以上の経費の内訳は、次のとおりである。

	5年度(百万円)	4年度(百万円)
道路更新防災対策事業及び維持管理等	721,635	(702,210) 830,019
地域連携道路事業	626,427	(618,702) 761,729
道路交通円滑化事業	228,900	(249,468) 293,634
工 事 諸 費 等	94,121	(95,606) 94,300
計	1,671,083	(1,665,986) 1,979,681

この経費の所管別内訳は、次のとおりである。

	5年度(百万円)	4年度(百万円)
内 閣 府	36,102	(35,738) 41,966
国 土 交 通 省	1,634,981	(1,630,248) 1,937,715
計	1,671,083	(1,665,986) 1,979,681

3 港湾空港鉄道等整備事業費

5年度(百万円)	4年度(百万円)	比較増△減(百万円)
397,584	(398,783) 493,188	(△ 1,199) △ 95,604

この経費は、港湾、空港、都市・幹線鉄道、整備新幹線及び船舶交通安全基盤の公共施設整備のための経費である。

（1） 港湾整備事業

5年度(百万円)	4年度(百万円)
244,403	(243,903) 323,305

港湾整備事業については、国際コンテナ戦略港湾における国際競争力強化のため、船舶の大型化に対応したコンテナターミナルの整備を重点的に実施するとともに、洋上風力発電の導入を促す基地港湾の整備等を通じて、港湾における脱炭素化を推進することとしている。

また、港湾施設の老朽化対策については、コストの縮減や事業の効率化に資する新技術の活用等を進めるとともに、個別補助により集中的・計画的に実施することとしている。

以上の経費の内訳は、次のとおりである。

	5年度(百万円)	4年度(百万円)
港湾環境整備事業	2,122	(2,936) 3,662
港 湾 事 業	221,609	(218,549) 298,098
エネルギー・鉄鋼港湾施設工事	48	700
工 事 諸 費 等	20,624	(21,717) 20,844
計	244,403	(243,903) 323,305

この経費の所管別内訳は、次のとおりである。

	5年度(百万円)	4年度(百万円)
内 閣 府	14,905	(14,905) 15,469
国 土 交 通 省	229,498	(228,998) 307,835
計	244,403	(243,903) 323,305

（2） 空港整備事業

	5年度(百万円)	4年度(百万円)
		(32,826)
	28,742	32,787

空港整備事業については、首都圏空港の国際競争力強化のため、東京国際空港（羽田）の機能拡充に必要な事業等を重点的に実施するとともに、福岡空港においては、引き続き、滑走路増設事業を実施することとしている。

空港整備事業費として一般会計に計上されるのは、一般会計から自動車安全特別会計へ繰り入れる空港整備事業費財源 27,348 百万円並びに沖縄総合事務局、国土技術政策総合研究所、地方整備局及び北海道開発局の一般会計で支出される空港整備関係の工事諸費 1,394 百万円である。

空港の整備に関する事業費の財源内訳は、次のとおりである。

	5年度(百万円)	4年度(百万円)
航空機燃料税収入	34,000	34,000
前々年度航空機燃料税収入決算調整額	△ 6,652	△ 2,478
		(1,304)
一般財源	1,394	1,265
		(32,826)
計	28,742	32,787

この経費の所管別内訳は、次のとおりである。

	5年度(百万円)	4年度(百万円)
		(364)
内閣府	1,237	358
		(32,462)
国土交通省	27,505	32,429
		(32,826)
計	28,742	32,787

（3）　都市・幹線鉄道整備事業

5年度(百万円)	4年度(百万円)
	(23,822)
22,822	32,020

都市・幹線鉄道整備事業については、都市機能を支える都市鉄道ネットワークの整備、防災・減災、老朽化対策や、鉄道駅におけるバリアフリー化の推進、輸送の安全性の向上等による安全・安心の確保等を推進することとしている。

以上の経費の内訳は、次のとおりである。

	5年度(百万円)	4年度(百万円)
		(4,588)
鉄道施設総合安全対策事業費補助	5,035	9,907
鉄道防災事業費補助	923	923
		(170)
幹線鉄道等活性化事業費補助	23	587
都市鉄道利便増進事業費補助	6,736	11,568
		(4,473)
都市鉄道整備事業費補助	8,050	6,782
		(2,100)
鉄道駅総合改善事業費補助	2,055	2,253
		(23,822)
計	22,822	32,020

（4）　整備新幹線整備事業

5年度(百万円)	4年度(百万円)
80,372	80,372

整備新幹線整備事業については、独立行政法人鉄道建設・運輸施設整備支援機構による北海道新幹線新函館北斗―札幌間、北陸新幹線金沢―敦賀間及び九州新幹線武雄温泉―長崎間の建設等を着実に実施することとしている。

（5）　船舶交通安全基盤整備事業

5年度(百万円)	4年度(百万円)
	(17,860)
21,245	24,705

船舶交通安全基盤整備事業については、船舶が安全に航行するための指標となる灯台、電波標識等の整備等を実施することとしている。

4　住宅都市環境整備事業費

5年度(百万円)	4年度(百万円)	比較増△減(百万円)
	(729,932)	(725)
730,657	977,435	△ 246,778

この経費は、住宅対策及び都市環境整備のための経費である。

（1）　住　宅　対　策

5年度(百万円)	4年度(百万円)
	(157,963)
156,171	330,352

住宅対策については、地方公共団体等が施

行する公営住宅整備等事業、独立行政法人住宅金融支援機構が行う証券化支援事業に係る金利引下げ、地方公共団体等が行う高齢者向け優良賃貸住宅等の公的賃貸住宅に係る家賃低減、地方公共団体等が施行する防災性を向上するための住宅市街地総合整備促進事業等を推進することとしている。

以上の経費の内訳は、次のとおりである。

	5年度(百万円)	4年度(百万円)
公営住宅整備費等補助	1,700	(1,700) 6,029
優良住宅整備促進等事業費補助	23,623	26,977
公的賃貸住宅家賃対策補助	12,529	12,529
住宅市街地総合整備促進事業費補助	116,297	(115,242) 283,302
独立行政法人住宅金融支援機構出資金	1,520	1,000
そ の 他	502	(515) 515
計	156,171	(157,963) 330,352

（2） 都市環境整備事業

5年度(百万円)	4年度(百万円)
574,486	(571,969) 647,083

都市環境整備事業については、広域連携を含む都市機能のコンパクト化や防災力強化に積極的に取り組む地方公共団体等に対する重点的・効果的な支援や都市の国際競争力の強化等を図る市街地整備事業、大気汚染等の沿道環境問題への対策や個別補助による通学路の交通安全対策への計画的・集中的な支援等を実施する道路環境整備事業及び水辺空間のにぎわい創出のため、まちづくりと一体となった水辺整備や水環境の改善等を実施する都市水環境整備事業により、都市環境の整備を推進することとしている。

以上の経費の内訳は、次のとおりである。

	5年度(百万円)	4年度(百万円)
市街地整備事業	102,433	(102,141) 110,019
都市構造再編集中支援事業	70,000	(70,000) 74,840
市街地再開発事業	10,159	(9,944) 10,226
都市再生推進事業等	18,688	(17,505) 20,261
都市開発資金貸付金	3,586	4,692
道路環境整備事業	447,179	(444,954) 506,672
道路環境改善事業	110,211	(118,848) 153,001
道路交通安全対策事業	329,130	(318,218) 346,013
工 事 諸 費	7,838	(7,888) 7,658
都市水環境整備事業	24,874	(24,874) 30,392
河川都市基盤整備事業等	22,696	(22,615) 28,189
工 事 諸 費 等	2,178	(2,259) 2,203
計	574,486	(571,969) 647,083

この経費の所管別内訳は、次のとおりである。

	5年度(百万円)	4年度(百万円)
内 閣 府	7,338	(6,575) 7,668
国 土 交 通 省	567,148	(565,394) 639,415
計	574,486	(571,969) 647,083

5 公園水道廃棄物処理等施設整備費

5年度(百万円)	4年度(百万円)	比較増△減(百万円)
178,362	(161,911) 235,996	(16,451) △ 57,634

この経費は、上下水道、廃棄物処理、工業用水道、国営公園等及び自然公園等の施設整備等のための経費である。

（1） 下 水 道 事 業

5年度(百万円)	4年度(百万円)
77,295	(61,359) 68,950

下水道事業については、市街地における内水氾濫を防止するための雨水貯留施設の整備等による防災・減災対策の支援や、下水道事業に関する調査等を実施することとしてい

る。

以上の経費の内訳は、次のとおりである。

	5 年度(百万円)	4 年度(百万円)
下水道事業調査	3,743	(3,746) 6,259
下水道事業費補助	7,101	(5,165) 7,186
下水道防災事業費補助	66,451	(52,448) 55,505
計	77,295	(61,359) 68,950

（2） 水道施設整備事業

	5 年度(百万円)	4 年度(百万円)
	17,036	(16,936) 19,449

水道施設整備事業については、簡易水道等施設及び水道水源開発等施設の整備等を実施することとしている。

以上の経費の内訳は、次のとおりである。

	5 年度(百万円)	4 年度(百万円)
簡易水道等施設	5,004	6,272
水道水源開発等施設	11,946	(10,576) 13,089
そ の 他	87	88
計	17,036	(16,936) 19,449

この経費の所管別内訳は、次のとおりである。

	5 年度(百万円)	4 年度(百万円)
内 閣 府	2,800	2,800
厚 生 労 働 省	4,398	(4,925) 7,290
国 土 交 通 省	9,838	(9,211) 9,359
計	17,036	(16,936) 19,449

（3） 廃棄物処理施設整備事業

	5 年度(百万円)	4 年度(百万円)
	41,727	(41,727) 95,671

廃棄物処理施設整備事業については、一般廃棄物処理施設及び浄化槽の整備等を実施することとしている。

以上の経費の内訳は、次のとおりである。

	5 年度(百万円)	4 年度(百万円)
廃棄物処理施設	1,613	1,702

	5 年度(百万円)	4 年度(百万円)
循環型社会形成推進交付金	39,943	(39,943) 93,887
そ の 他	171	82
計	41,727	(41,727) 95,671

この経費の所管別内訳は、次のとおりである。

	5 年度(百万円)	4 年度(百万円)
内 閣 府	1,206	1,206
国 土 交 通 省	2,912	(2,912) 12,126
環 境 省	37,609	(37,609) 82,339
計	41,727	(41,727) 95,671

（4） 工業用水道事業

	5 年度(百万円)	4 年度(百万円)
	2,163	(2,163) 3,626

工業用水道事業については、工業地帯における地下水汲上げによる地盤沈下の防止と立地条件の整備を目的として敷設される工業用水道施設の整備等を実施することとしている。

以上の経費の所管別内訳は、次のとおりである。

	5 年度(百万円)	4 年度(百万円)
経 済 産 業 省	2,006	(2,025) 3,475
国 土 交 通 省	157	(138) 151
計	2,163	(2,163) 3,626

（5） 国営公園等事業

	5 年度(百万円)	4 年度(百万円)
	32,386	(31,971) 36,565

国営公園等事業については、国営公園等の施設の整備、維持管理等を実施することとしている。

以上の経費の内訳は、次のとおりである。

	5 年度(百万円)	4 年度(百万円)
国営公園整備等	26,922	(26,250) 30,844
都 市 公 園 事 業	5,066	5,437

	5年度(百万円)	4年度(百万円)
その他	398	(284) 284
計	32,386	(31,971) 36,565

この経費の所管別内訳は、次のとおりである。

	5年度(百万円)	4年度(百万円)
内 閣 府	4,711	(4,651) 4,941
国 土 交 通 省	27,675	(27,320) 31,624
計	32,386	(31,971) 36,565

（6） 自然公園等事業

	5年度(百万円)	4年度(百万円)
	7,755	(7,755) 11,735

白然公園等事業については，国立公園，国民公園等の施設の整備、維持管理等を実施することとしている。

以上の経費の内訳は、次のとおりである。

	5年度(百万円)	4年度(百万円)
国 立 公 園 等	4,104	(4,024) 6,504
国 民 公 園 等	1,704	(1,863) 2,363
自然環境整備交付金	1,872	(1,807) 2,807
そ の 他	75	60
計	7,755	(7,755) 11,735

6 農林水産基盤整備事業費

5年度(百万円)	4年度(百万円)	比較増△減(百万円)
607,848	(607,921) 845,481	(△ 73) △ 237,633

この経費は、農業農村整備、森林整備、水産基盤整備及び農山漁村地域整備を行うための経費である。

（1） 農業農村整備事業

5年度(百万円)	4年度(百万円)
332,303	(332,136) 498,966

農業農村整備事業については、生産性・収益性等の向上のための水田の畑地化や農地の大区画化等を推進する農業競争力強化基盤整備事業、国土強靱化のための農業水利施設の長寿命化や防災・減災対策等を推進するかんがい排水事業、総合農地防災事業等を実施することとしている。

以上の経費の内訳は、次のとおりである。

	5年度(百万円)	4年度(百万円)
かんがい排水	99,552	(101,708) 114,903
土地改良施設管理	21,242	(19,053) 20,750
農用地再編整備	40,176	(40,096) 60,384
総合農地防災等	68,737	(67,581) 113,945
農業競争力強化基盤整備等	68,468	(68,021) 151,343
農 村 整 備	7,234	(7,066) 8,497
水 資 源 開 発	8,500	(8,010) 8,620
食料安定供給特別会計国営土地改良事業勘定へ繰入	4,514	(5,911) 5,835
補 助 率 差 額 等	13,880	(14,690) 14,688
計	332,303	(332,136) 498,966

この経費の所管別内訳は、次のとおりである。

	5年度(百万円)	4年度(百万円)
内 閣 府	13,514	(13,514) 14,688
農 林 水 産 省	223,688	(224,892) 345,054
国 土 交 通 省	95,101	(93,730) 139,224
計	332,303	(332,136) 498,966

（2） 森 林 整 備 事 業

5年度(百万円)	4年度(百万円)
125,249	(124,718) 168,455

森林整備事業については、林業の持続的発展や国土強靱化のため、間伐や主伐後の再造林等を実施するとともに、森林整備の効率化に必要な路網の整備をすることとしている。

以上の経費の所管別内訳は、次のとおりである。

	5年度(百万円)	4年度(百万円)
内 閣 府	289	289

	5年度(百万円)	4年度(百万円)
農 林 水 産 省	118,430	(117,997) 156,840
国 土 交 通 省	6,530	(6,432) 11,326
計	125,249	(124,718) 168,455

（3） 水産基盤整備事業

5年度(百万円)	4年度(百万円)
72,906	(72,669) 99,662

水産基盤整備事業については、水産物の輸出拡大等による水産業の成長産業化のための拠点漁港の流通機能強化及び養殖生産拠点整備、持続可能な漁業生産を確保するための漁場整備、漁港施設の強靱化・長寿命化等を推進することとしている。

以上の経費の所管別内訳は、次のとおりである。

	5年度(百万円)	4年度(百万円)
内　　閣　　府	4,360	(4,360) 4,963
農 林 水 産 省	35,674	(35,873) 46,409
国 土 交 通 省	32,872	(32,436) 48,290
計	72,906	(72,669) 99,662

（4） 農山漁村地域整備事業

5年度(百万円)	4年度(百万円)
77,390	78,398

農山漁村地域整備事業については、地方公共団体が作成した計画に基づく農山漁村地域の基盤整備のほか、整備効果を促進するためのソフト事業について交付金により総合的に支援することとしている。

以上の経費の所管別内訳は、次のとおりである。

	5年度(百万円)	4年度(百万円)
農 林 水 産 省	63,782	64,119
国 土 交 通 省	13,608	14,279
計	77,390	78,398

7　社会資本総合整備事業費

5年度(百万円)	4年度(百万円)	比較増△減(百万円)
1,380,489	(1,397,301) 1,711,694	(△　16,812) △　331,205

この経費は、地方公共団体等が作成した社会資本総合整備計画に基づき、頻発・激甚化する風水害・土砂災害や大規模地震・津波に対する防災・減災対策、予防保全に向けた老朽化対策、将来の成長の基盤となる民間投資・需要を喚起する道路整備、ＰＰＰ／ＰＦＩを活用した下水道事業や利便性・効率性の向上を図るための地域公共交通ネットワークの再構築事業など、地域における総合的な取組を支援するための交付金である。

以上の経費の内訳は、次のとおりである。

	5年度(百万円)	4年度(百万円)
社会資本整備総合交付金	549,190	(581,731) 610,797
防災・安全交付金	831,299	(815,570) 1,100,897
計	1,380,489	(1,397,301) 1,711,694

この経費の所管別内訳は、次のとおりである。

	5年度(百万円)	4年度(百万円)
内　　閣　　府	16,679	(18,134) 19,751
国 土 交 通 省	1,363,810	(1,379,167) 1,691,943
計	1,380,489	(1,397,301) 1,711,694

8　推 進 費 等

5年度(百万円)	4年度(百万円)	比較増△減(百万円)
61,938	(67,573) 67,773	(△　5,635) △　5,835

この経費は、「地域再生法」(平17法24)に基づき、地方公共団体が行う地方創生の深化のための先駆的な地方創生基盤整備事業に対して支援するための交付金並びに再度災害防止や安全な避難経路の確保等の防災・減災対策を強化すること及び北海道総合開発計画の効果的な推進を図ること等を目的とし、予算作成後に各地域で発生した事象に柔軟に対応するため地方公共団体等との協議結果を踏まえた事業の推進等に必要な経費である。

以上の経費の内訳は、次のとおりである。

	5年度(百万円)	4年度(百万円)
沖縄北部連携促進特別振興対策特定開発事業推進費	2,619	2,619
地方創生基盤整備事業推進費	39,777	39,777
防災・減災対策等強化事業推進費	13,886	19,971
社会資本整備円滑化地籍整備事業費	1,000	(550) 750
官民連携基盤整備推進調査費	331	331
北海道特定特別総合開発事業推進費	4,325	4,325
計	61,938	(67,573) 67,773

この経費の所管別内訳は、次のとおりである。

	5年度(百万円)	4年度(百万円)
内　閣　府	42,396	42,396
国 土 交 通 省	19,542	(25,177) 25,377
計	61,938	(67,573) 67,773

9　災害復旧等事業費

5年度(百万円)	4年度(百万円)	比較増△減(百万円)
77,649	(77,248) 459,031	(401) △ 381,382

この経費は、公共土木施設、農林水産業施設等の災害復旧事業及び災害関連事業を行うための経費である。

（1）　災害復旧事業

　4年以前に発生した災害等の復旧事業については、事業の促進を図ることとし、また、当年発生災害については、発生を見込んで復旧事業費を計上し、迅速な対応を行うこととしている。

（2）　災害関連事業

　災害復旧事業と合併して施行する一般関連事業及び助成事業については、災害復旧事業の進捗状況を考慮して事業の推進を図ることとしている。また、山地崩壊等の災害に対しては、災害関連緊急事業により緊急に対応することとしている。

以上の経費の所管別内訳は、次のとおりである。

	災害復旧事業費(百万円)	災害関連事業費(百万円)	計(百万円)
厚生労働省	356	—	356
農林水産省	14,609	5,446	20,055
国土交通省	39,391	17,817	57,208
環　境　省	30	—	30
計	54,386	23,263	77,649

経 済 協 力 費

5年度(百万円)	4年度(百万円)	比較増△減(百万円)
511,374	(510,547) 846,966	(827) △ 335,592

この経費は、経済協力のための諸施策の実施に必要な経費である。

その内容の主なものは、次のとおりである。

（1）　無 償 資 金 協 力

　無償資金協力を実施するために必要な予算については、「自由で開かれたインド太平洋」の具体化、グローバルな課題への対処、複雑さを増す安全保障・経済環境への対応等に必要な経費として、163,403百万円を計上している。

（2）　技術協力（独立行政法人国際協力機構）

　独立行政法人国際協力機構が実施する技術協力のために必要な予算については、「自由で開かれたインド太平洋」の具体化、グローバルな課題への対処、複雑さを増す安全保障・経済環境への対応等に必要な経費として、151,851百万円を計上している。

（3）　国際分担金・拠出金

　我が国にとっての支払の必要性等を踏まえ、113,329百万円を計上している。

（注）　計数中には、留学生関係経費に計上されているものが含まれている。

（4）　円 借 款 等

　独立行政法人国際協力機構の有償資金協力部門が実施する、円借款等の事業規模については1,894,000百万円であり、その原資の一部として、一般会計出資金47,840百万円を計上している。

（5）　留学生関係経費

　留学生関係経費については、外国人留学生へ

の奨学金の給付等に必要な経費として、27,222
百万円を計上している。

（注） 計数中には、国際分担金・拠出金に計上され
ているものが含まれている。

経費の内訳は、次のとおりである。

	5年度(百万円)	4年度(百万円)
（内 閣 府 所 管）		
経済協力開発機構拠出金等	200	191
（外 務 省 所 管）		
政府開発援助経済開発等援助費	163,403	(163,297) 226,864
政府開発援助独立行政法人国際協力機構運営費交付金等	151,851	(151,752) 173,215
国際分担金・拠出金	67,172	(76,783) 236,242
国際連合分担金	31,191	(25,686) 25,912
国際連合食糧農業機関分担金	5,433	4,567
国際連合開発計画拠出金	5,057	(7,763) 34,296
国際連合教育科学文化機関分担金	3,600	3,038
環境問題拠出金	3,206	(3,568) 4,963
経済協力開発機構分担金	2,787	3,147
世界エイズ・結核・マラリア対策基金拠出金	2,038	(7,386) 26,925
国際機関職員派遣信託基金等拠出金	1,535	(2,752) 4,127
国際連合難民高等弁務官事務所拠出金	1,487	(3,527) 15,164
人口関係国際機関等拠出金	1,427	(2,250) 5,786
国際連合工業開発機関分担金	1,199	1,261
国際連合児童基金拠出金	917	(2,087) 13,554
そ の 他	7,295	(9,751) 93,503
そ の 他	2,671	2,257
計	385,097	(394,089) 638,578

	5年度(百万円)	4年度(百万円)
（財 務 省 所 管）		
国際開発金融機関拠出金等	34,973	(30,717) 103,239
政府開発援助独立行政法人国際協力機構有償資金協力部門出資金	47,840	47,090
計	82,813	(77,807) 150,329
（文部科学省所管）		
外国人留学生等経費	27,222	(26,768) 26,141
（厚生労働省所管）		
世界保健機関分担金等	10,882	(6,407) 26,342
（経済産業省所管）		
対外経済政策推進費	5,160	(5,285) 5,385
合 計	511,374	(510,547) 846,966

中小企業対策費

5年度(百万円)	4年度(百万円)	比較増△減(百万円)
170,376	(171,267) 1,418,542	(△ 891) △ 1,248,166

　この経費は、中小企業・小規模事業者の資金繰
り支援、取引適正化対策の強化、研究開発投資の
促進、事業再生・事業承継支援等の諸施策を実施
するために必要な経費である。

　その内容の主なものは、次のとおりである。

（1）　株式会社日本政策金融公庫出資等

　　株式会社日本政策金融公庫については、信用
保険等業務において中小企業・小規模事業者に
対する信用補完の充実等を図るため、46,700
百万円の出資を行うこととしているほか、国民
一般向け業務において業務円滑化のための補給
金として 16,992 百万円を計上している。また、
中小企業者向け業務において業務円滑化のため
の補給金として、14,311 百万円を計上してい
る。

（2）　中小企業政策推進費

　　下請取引の適正化のための監督体制の強化、
中小企業・小規模事業者が産学官連携により行
う研究開発に対する支援、中小企業・小規模事
業者の事業再生・事業承継に対する支援等に必
要な経費として、50,338 百万円を計上してい

る。

（3）　独立行政法人中小企業基盤整備機構運営費

　　　この経費は、独立行政法人中小企業基盤整備機構に対する運営費交付金として、18,345百万円を計上している。

　　　経費の内訳は、次のとおりである。

	5年度(百万円)	4年度(百万円)
（財務省所管）		
株式会社日本政策金融公庫出資金	46,700	(47,120) 68,320
株式会社日本政策金融公庫補給金	13,705	13,485
計	60,405	(60,605) 81,805
（厚生労働省所管）		
中小企業最低賃金引上げ支援対策費	991	(1,189) 11,189
（経済産業省所管）		
中小企業政策推進費	50,338	(51,387) 863,399
株式会社日本政策金融公庫補給金	17,598	17,553
独立行政法人中小企業基盤整備機構運営費	18,345	(17,593) 218,343
そ　の　他	22,699	(22,701) 139,714
株式会社日本政策金融公庫出資金	—	(240) 66,540
独立行政法人中小企業基盤整備機構出資金	—	(—) 20,000
計	108,980	(109,474) 1,325,548
合　　計	170,376	(171,267) 1,418,542

エネルギー対策費

5年度(百万円)	4年度(百万円)	比較増△減(百万円)
853,965	(875,642) 2,196,830	(△　　21,677) △1,342,865

　この経費は、エネルギーの長期的・安定的な供給を確保するため、エネルギー需給対策の推進、安全かつ安定的な電力供給の確保等の諸施策を実施するために必要な経費である。

　経費の内訳は、次のとおりである。

	5年度(百万円)	4年度(百万円)
国際原子力機関分担金等	5,677	5,055
核不拡散・核セキュリティ関連業務等	743	(716) 1,373
国立研究開発法人日本原子力研究開発機構運営費交付金	36,427	(36,380) 36,804
国立研究開発法人日本原子力研究開発機構施設整備費	—	(—) 393
脱炭素化産業成長促進対策費	—	(—) 1,103,446
エネルギー対策特別会計エネルギー需給勘定へ繰入	515,836	(539,544) 736,419
エネルギー対策特別会計電源開発促進勘定へ繰入	295,282	(293,947) 313,341
計	853,965	(875,642) 2,196,830

　また、所管別内訳は、次のとおりである。

	5年度(百万円)	4年度(百万円)
内　　閣　　府	9,319	8,871
外　　務　　省	5,677	5,055
文　部　科　学　省	145,026	(145,074) 210,939
経　済　産　業　省	531,402	(551,160) 1,754,097
環　　境　　省	162,540	(165,482) 217,868
計	853,965	(875,642) 2,196,830

　その内容の主なものは、次のとおりである。

（1）　国立研究開発法人日本原子力研究開発機構運営費交付金等

　　　国立研究開発法人日本原子力研究開発機構等において、原子力利用の安全確保のための基礎基盤研究等を行うとともに、原子力分野における人材育成等を行うこととして、37,169百万円を計上している。

（2）　エネルギー対策特別会計エネルギー需給勘定へ繰入

　　　この経費は、石油石炭税を財源として、石油及び天然ガスの安定的かつ低廉な供給の確保を図ることが緊要であることに鑑み講じられる措

置を実施する燃料安定供給対策並びに内外の経済的社会的環境に応じた安定的かつ適切なエネルギーの需給構造の構築を図ることが緊要であることに鑑み講じられる措置を実施するエネルギー需給構造高度化対策に要する費用の財源に充てるため、一般会計からエネルギー対策特別会計エネルギー需給勘定へ繰り入れることとして、515,836百万円を計上している（第3 特別会計「6 エネルギー対策特別会計」参照）。

（3） エネルギー対策特別会計電源開発促進勘定へ繰入

この経費は、電源開発促進税を財源として、発電用施設の設置及び運転の円滑化を目的とした「発電用施設周辺地域整備法」（昭49法78）に基づく交付金の交付及びその他の発電の用に供する施設の設置や運転の円滑化に資するための財政上の措置を実施する電源立地対策、発電用施設の利用の促進、安全の確保及び発電用施設による電気の供給の円滑化を図るための財政上の措置を実施する電源利用対策並びに原子力発電施設等に関する安全の確保を図るための措置を実施する原子力安全規制対策に要する費用の財源に充てるため、一般会計からエネルギー対策特別会計電源開発促進勘定へ繰り入れることとして、295,282百万円を計上している（第3特別会計「6 エネルギー対策特別会計」参照）。

なお、このうち47,000百万円は中間貯蔵施設費用相当分について原子力損害賠償・廃炉等支援機構への資金交付に充てるためのものである。

食料安定供給関係費

5年度(百万円)	4年度(百万円)	比較増△減(百万円)
	(1,269,926)	(△ 4,561)
1,265,365	1,761,126	△ 495,761

この経費は、「食料・農業・農村基本法」（平11法106）の基本理念として掲げられている食料の安定供給の確保に資する諸施策を実施するために必要な経費である。

その内容の主なものは、次のとおりである。

（1） 食料安全保障確立対策費等

この経費は、米の適正かつ円滑な流通を確保するための措置並びに政府による主要食糧の買入れ、輸入及び売渡しの措置により主要食糧の需給及び価格の安定を図るための食料安定供給特別会計への繰入れ、家畜伝染病の発生予防及びまん延防止のための防疫措置等に必要な経費である。

5年度においては、米の備蓄の運営等のために必要な食料安定供給特別会計への繰入れ、豚熱・高病原性鳥インフルエンザ等の家畜伝染病への対応等として、155,703百万円を計上している。

（2） 担い手育成・確保等対策費等

この経費は、力強く持続可能な農業構造の実現に向けた担い手の育成・確保等を図り、経営所得安定対策、農業共済事業等を実施するために必要な経費である。

5年度においては、経営所得安定対策に係る交付金、農業共済事業における再保険金等の円滑な支払のための食料安定供給特別会計への繰入れ等として344,726百万円を計上している。

（3） 農地集積・集約化等対策費

この経費は、意欲ある農業者への農地集積の推進等を図るために必要な経費である。

5年度においては、農地中間管理機構等による農地の集積・集約の加速化に対する支援や農地集積を図りつつ高収益作物への転換等を推進することとし、41,122百万円を計上している。

（4） 農業生産基盤整備推進費

この経費は、農業の成長産業化や国土強靱化に資する農業生産基盤整備の推進を図るために必要な経費である。

5年度においては、農業水利施設の長寿命化や防災・減災に係る機動的な対策等を推進することとし、31,607百万円を計上している。

（5） 国産農産物生産基盤強化等対策費等

この経費は、需要構造等の変化に対応した生産基盤強化等を推進するために必要な経費である。

5年度においては、水田における野菜等の高収益作物への転換や水田の畑地化等を一層推進するための水田活用の直接支払交付金等の交付、産地の持続的な生産力強化を図るための持

続的生産強化対策事業等を実施することとし、
433,350 百万円を計上している。

（6） 農村整備推進対策費

　　この経費は、農業の有する多面的機能の発揮
の促進を図るために必要な経費である。

　　5 年度においては、地域共同で行う多面的機
能を支える活動、中山間地域等における継続的
な農業生産活動等を支援することとし、77,537
百万円を計上している。

（7） 農山漁村活性化対策費

　　この経費は、農山漁村と都市との地域間交流
を促進するなど、農山漁村の活性化を図るため
に必要な経費である。

　　5 年度においては、鳥獣被害防止対策を実施
するとともに、農山漁村の地域資源を活用し、
新たな価値を創出する取組等を推進することと
し、17,584 百万円を計上している。

（8） 森林整備・保全費等

　　この経費は、森林の有する多面的機能の発揮
の促進等を図るために必要な経費である。

　　5 年度においては、森林の保全管理や森林病
害虫等による被害の抑制の取組等を推進すると
ともに、国有林野の産物及び製品の売払い並び
に国有林野の管理又は処分等を実施することと
し、19,917 百万円を計上している。

（9） 水産資源管理対策費等

　　この経費は、海洋環境の変化も踏まえた水産
資源管理の着実な実施等を図るために必要な経
費である。

　　5 年度においては、資源評価対象魚種につい
て評価の推進及び更なる精度向上等を図ること
とし、26,069 百万円を計上している。

（10） 水産業振興対策費等

　　この経費は、漁業経営安定対策の着実な実施
と水産業の成長産業化等を図るために必要な経
費である。

　　5 年度においては、適切な資源管理と漁業経
営の安定の確立のため、計画的に資源管理等に
取り組む漁業者を対象とした収入安定対策等を
実施するとともに、収益性の向上と適切な資源
管理を両立させる浜の構造改革に取り組むため
の水産業成長産業化沿岸地域創出事業等を実施

することとし、49,463 百万円を計上している。
　　経費の内訳は、次のとおりである。

	5 年度(百万円)	4 年度(百万円)
新市場創出対策費	876	(969) 13,137
農林水産物・食品輸出促進対策費	6,544	(9,115) 32,381
消費者・食農連携深化対策費	131	(240) 1,040
食品の安全・消費者の信頼確保対策費等	8,276	(8,349) 8,410
食料安全保障確立対策費等	155,703	(136,059) 189,423
担い手育成・確保等対策費等	344,726	(360,781) 376,324
農地集積・集約化等対策費	41,122	(46,398) 50,498
農業生産基盤整備推進費	31,607	26,861
国産農産物生産基盤強化等対策費等	433,350	(431,773) 684,213
農業・食品産業強化対策費	12,052	(12,566) 17,796
農林水産業環境政策推進費	611	(623) 2,847
農村整備推進対策費	77,537	77,593
農山漁村活性化対策費	17,584	(19,823) 24,963
森林整備・保全費等	19,917	21,502
林業振興対策費	4,982	(5,683) 5,994
林産物供給等振興対策費	2,160	(2,514) 2,522
森林整備・林業等振興対策費	6,891	(7,384) 29,574
水産資源管理対策費等	26,069	(27,439) 28,689
水産業振興対策費等	49,463	(49,105) 139,641
漁村活性化対策費	5,272	(5,458) 8,008
水産業強化対策費	2,402	2,655
そ　の　他	18,090	(17,038) 17,055
計	1,265,365	(1,269,926) 1,761,126

その他の事項経費

その他の事項経費のうち主なものは、次のとおりである。

1 マイナンバー関係経費(内閣府所管、デジタル庁所管、総務省所管、法務省所管及び厚生労働省所管)

5年度(百万円)	4年度(百万円)	比較増△減(百万円)
	(133,328)	(△ 52,732)
80,595	188,493	△ 107,897

この経費は、マイナンバー制度の円滑な運用等を実施するために必要な経費である。

経費の内訳は、次のとおりである。

	5年度(百万円)	4年度(百万円)
(内閣府所管)		
特定個人情報監視・監督等業務費	175	131
(デジタル庁所管)		
個人番号及び法人番号の利用に関する広報活動等に必要な経費	278	(472) 1,056
公金受取口座登録業務の支援に必要な経費	231	—
計	509	(472) 1,056
(総務省所管)		
マイナンバーカード普及推進事業費	50,713	(102,721) 109,191
マイナンバーカード・公的個人認証の海外継続利用等システム整備費	—	(3,232) 14,878
マイナンバーカード所有者転出・転入手続ワンストップ化システム改修費	—	493
マイナンバーカードへの氏名のローマ字表記等システム改修費	20,048	—
その他	48	(108) 1,992
計	70,808	(106,554) 126,555
(法務省所管)		
戸籍事務へのマイナンバー制度の導入経費	9,051	15,690
(厚生労働省所管)		
社会保障・税番号活用推進事業費	52	(10,480) 45,061
合計	80,595	(133,328) 188,493

(注) 上記のほか、デジタル庁に一括計上している情報システム関係経費がある。

2 主要国首脳会議関連経費(国会所管、内閣府所管、デジタル庁所管、総務省所管、法務省所管、外務省所管、財務省所管、文部科学省所管、厚生労働省所管、農林水産省所管、経済産業省所管、国土交通省所管及び環境省所管)

5年度(百万円)	4年度(百万円)	比較増△減(百万円)
	(516)	(30,977)
31,493	2,305	29,188

この経費は、主要国首脳会議(G7広島サミット)開催等のために必要な経費であり、G7広島サミット開催経費、G7広島サミット事務局運営費、関連会合開催等経費を計上している。

所管別内訳は、次のとおりである。

	5年度(百万円)	4年度(百万円)
国 会	47	—
内 閣 府	9,614	(—) 771
デジタル庁	124	—
総 務 省	930	—
法 務 省	117	—
外 務 省	17,083	(265) 1,036
主要国首脳会議開催経費	15,759	(58) 699
主要国首脳会議事務局運営費	505	207
主要国首脳会議関連会合開催等経費	818	(—) 130
財 務 省	357	43
文 部 科 学 省	296	—
厚 生 労 働 省	625	—
農 林 水 産 省	327	58
経 済 産 業 省	662	135
国 土 交 通 省	917	(—) 247

環　境　省	394	15
		(516)
計	31,493	2,305

　なお、主要国首脳会議関連経費には防衛関係費に計上されているものがあり、総額として31,999百万円（4年度当初予算額516百万円）を計上している。

3　地方創生推進費（内閣府所管）

5年度(百万円)	4年度(百万円)	比較増△減(百万円)
	(62,423)	(△　　200)
62,223	102,423	△　40,200

　この経費は、「地域再生法」（平17法24）等に基づき、地方公共団体が行う地方創生の深化のための先駆的な取組等に要する経費に対して支援するための交付金である。

　経費の内訳は、次のとおりである。

	5年度(百万円)	4年度(百万円)
地方創生推進交付金	53,223	53,223
地方創生拠点整備交付金	7,000	(7,000) 47,000
地方大学・地域産業創生交付金	2,000	2,200
		(62,423)
計	62,223	102,423

4　沖縄振興費（内閣府所管）

5年度(百万円)	4年度(百万円)	比較増△減(百万円)
	(106,686)	(△　1,075)
107,761	114,570	△　6,809

　この経費は、沖縄の優位性を活かした自立型経済の発展に向けて、より一層効果的な沖縄の振興に必要な施策の推進を図るための経費である。

　内容の主なものは、次のとおりである。

（1）　沖縄振興交付金事業推進費

　　沖縄の実情に即してより的確かつ効果的に施策を展開するために24年度に創設された沖縄振興交付金については、経常的経費を対象とする沖縄振興特別推進交付金及び投資的経費を対象とする沖縄振興公共投資交付金に区分して計上しており、その内訳は、次のとおりである。

	5年度(百万円)	4年度(百万円)
沖縄振興特別推進交付金	39,049	39,444
沖縄振興公共投資交付金	36,806	(36,806) 39,747
		(76,250)
計	75,855	79,191

（2）　沖縄北部連携促進特別振興事業費

　　沖縄県の均衡ある発展を図る必要があることに鑑み、北部地域の連携促進と自立的発展の条件整備として、産業振興や定住条件の整備等を行う北部振興事業に要する経費（非公共事業）として、4,450百万円（4年度当初予算額4,450百万円）を計上している。

（3）　沖縄振興開発金融公庫補給金等

　　沖縄振興開発金融公庫については、その業務の円滑な運営に資するための補給金として、2,437百万円（4年度当初予算額1,931百万円）を計上するほか、沖縄における新事業創出促進のための出資金として200百万円を計上している。

　なお、沖縄振興費には、公共事業関係費その他の主要経費に計上されているものがあり、総額として257,712百万円（4年度当初予算額257,333百万円）を計上している。これに自動車安全特別会計空港整備勘定計上分を含め、沖縄振興予算全体としては、267,905百万円を計上している。

（参考）　沖縄振興費を含めた沖縄関係経費の所管別内訳は、次のとおりである。

	5年度(百万円)	4年度(百万円)
裁　判　所	―	(378) 467
内　閣　府	261,079	(259,197) 283,279
内　閣　本　府	247,108	(246,924) 271,253
沖縄振興交付金事業推進費	75,855	(76,250) 79,191
公共事業関係費	105,599	(104,832) 116,913
沖縄振興開発金融公庫補給金	2,437	(1,931) 6,919
沖縄振興開発金融公庫出資金	200	―

	5年度		4年度
そ の 他	63,016	(63,911)	68,230
沖縄総合事務局	10,604	(10,684)	10,423
公共事業関係費	5,398	(5,507)	5,337
そ の 他	5,206	(5,177)	5,086
警 察 庁	1,941	(1,589)	1,603
こども家庭庁	1,427		—
外 務 省	51		51
財 務 省	257		272
文部科学省	1,491		1,440
厚生労働省	1,525	(3,750)	5,455
農林水産省	433		433
防 衛 省	309,674	(274,491)	312,502
うちSACO関係経費	398		306
うち米軍再編関係経費(地元負担軽減に資する措置)	111,783	(81,014)	118,657
計	574,510	(540,011)	603,899

（注） 計数中には、公共事業関係費その他の主要経費に計上されているものが含まれている。

5 北方対策費（内閣府所管、外務省所管及び国土交通省所管）

5年度(百万円)	4年度(百万円)	比較増△減(百万円)
	(2,208)	(△ 93)
2,115	2,164	△ 49

　この経費は、独立行政法人北方領土問題対策協会運営費交付金など北方領土問題に関する啓発等を行うために必要な経費である。

　所管別内訳は、次のとおりである。

	5年度(百万円)	4年度(百万円)
内 閣 府	1,701	(1,701) 1,686
外 務 省	311	373
国 土 交 通 省	102	(134) 105
計	2,115	(2,208) 2,164

　なお、北方対策費には食料安定供給関係費に計上されているものがあり、総額として2,240百万円（4年度当初予算額2,406百万円）を計上している。

6 青少年対策費（裁判所所管、内閣府所管、法務省所管、文部科学省所管及び厚生労働省所管）

5年度(百万円)	4年度(百万円)	比較増△減(百万円)
	(72,958)	(△ 90)
72,868	74,381	△ 1,513

　この経費は、健全な青少年活動の助成等のために必要な経費である。

　経費の内訳は、次のとおりである。

	5年度(百万円)	4年度(百万円)
（裁 判 所 所 管）		
少年事件処理経費	7	7
（内 閣 府 所 管）		
青年国際交流経費	1,331	(1,328) 561
青少年防犯関係経費	385	390
子ども・若者育成支援推進経費	1	227
計	1,717	(1,945) 1,177
（法 務 省 所 管）		
青少年事件処理経費	238	260
矯 正 施 設 経 費	32,233	(31,837) 32,143
更生保護活動経費	18,394	(18,198) 18,286
そ の 他	851	(788) 833
計	51,715	(51,083) 51,523
（文部科学省所管）		
独立行政法人国立青少年教育振興機構運営費等	7,947	(8,405) 9,174
独立行政法人国立女性教育会館運営費等	506	(526) 708
芸術文化等の振興	7,034	(7,034) 7,834
そ の 他	48	52
計	15,535	(16,018) 17,768
（厚生労働省所管）		
勤労青少年の育成、福祉増進対策	79	79
職 業 訓 練 経 費	3,815	3,827
計	3,894	3,906
合 計	72,868	(72,958) 74,381

（注） 計数中には、文化関係費に計上されているものが含まれている。

なお、青少年対策費には保健衛生対策費、雇用労災対策費、科学技術振興費、教育振興助成費及び食料安定供給関係費に計上されているものがあり、総額として89,447百万円（4年度当初予算額89,009百万円）を計上している。

7 情報システム関係経費（デジタル庁所管）

5年度(百万円)	4年度(百万円)	比較増△減(百万円)
	(460,053)	(21,135)
481,188	571,986	△ 90,798

この経費は、「デジタル庁設置法」（令3法36）等に基づき、情報システムについて一元的な統括・監理を実施し、情報システムの統合・共通化、情報連携及び利用者目線での行政サービス改革等を一体的に推進するために必要な経費である。

8 文化関係費（文部科学省所管）

5年度(百万円)	4年度(百万円)	比較増△減(百万円)
	(104,735)	(△ 23)
104,712	175,635	△ 70,923

この経費は、芸術文化等の振興、文化財保護の充実、国立文化施設関係等に必要な経費である。

芸術文化等の振興については、文化芸術による創造性豊かな子供の育成、文化芸術創造活動への効果的な支援等を実施することとして、22,975百万円を計上している。

文化財保護の充実については、文化財修理の抜本的強化・防災対策等の充実、史跡等の保存整備・活用等を実施することとして、44,829百万円を計上している。

国立文化施設関係については、独立行政法人国立美術館運営費、独立行政法人日本芸術文化振興会運営費等に必要な経費として、29,515百万円を計上している。

経費の内訳は、次のとおりである。

	5年度(百万円)	4年度(百万円)
芸術文化等の振興	22,975	(22,878) 35,316
文化財保護の充実	44,829	(44,497) 51,758
国立文化施設関係	29,515	(29,258) 80,519
その他	7,394	(8,103) 8,042
計	104,712	(104,735) 175,635

（注） 計数中には、青少年対策費に計上されているものが含まれている。

なお、文化庁予算（文部科学省所管）には科学技術振興費及びその他の事項経費があり、総額として107,553百万円（4年度当初予算額107,282百万円）を計上している。

9 国際観光旅客税財源充当事業費（皇室費及び国土交通省所管）

5年度(百万円)	4年度(百万円)	比較増△減(百万円)
20,000	9,000	11,000

この経費は、国際観光旅客税を財源として、より高次元な外国人観光旅客の来訪の促進等のための観光施策を展開していくために必要な経費である。

その内容の主なものは、次のとおりである。

（1） ストレスフリーで快適に旅行できる環境の整備

顔認証ゲートや電子申告ゲート等の機能強化、顔認証による旅客搭乗手続きの円滑化、ＩＣＴ等を活用した観光地の受入環境整備等に必要な経費として、5,116百万円を計上している。

（2） 我が国の多様な魅力に関する情報の入手の容易化

デジタル技術を活用した戦略的な訪日プロモーションの実施等に必要な経費として、7,150百万円を計上している。

（3） 地域固有の文化、自然等を活用した観光資源の整備等による地域での体験滞在の満足度向上

三の丸尚蔵館の整備、新たなインバウンド層の誘致のためのコンテンツ強化、文化資源を活用した観光コンテンツの造成、国立公園の環境整備等に必要な経費として、7,734百万円を計上している。

経費の内訳は、次のとおりである。

	5年度(百万円)	4年度(百万円)

（皇室費）

	5年度(百万円)	4年度(百万円)
国際観光旅客税財源宮廷に必要な経費	269	905
（国土交通省所管）		
国際観光旅客税財源出入国管理業務に必要な経費	3,648	2,905
国際観光旅客税財源輸出入貨物の通関及び関税等の徴収並びに監視取締りに必要な経費	737	400
国際観光旅客税財源文化資源の活用に必要な経費	4,000	2,205
国際観光旅客税財源観光振興に必要な経費	1,685	384
国際観光旅客税財源国立公園等資源の整備に必要な経費	2,545	2,201
国際観光旅客税財源独立行政法人国際観光振興機構運営費交付金に必要な経費	7,116	1
計	19,731	8,095
合　計	20,000	9,000

10　国有林野事業債務管理特別会計へ繰入（農林水産省所管）

5年度(百万円)	4年度(百万円)	比較増△減(百万円)
	(19,949)	(9,166)
29,114	18,772	10,343

この経費は、「特別会計に関する法律」（平19法23）に基づき、国有林野事業収入相当額等の借入金の償還財源及び借入金の利子の支払財源を国有林野事業債務管理特別会計へ繰り入れるために必要な経費である。

	5年度(百万円)	4年度(百万円)
借入金利子国有林野事業債務管理特別会計へ繰入	1,133	(1,184) 7
国有林野事業収入財源借入金債務処理費国有林野事業債務管理特別会計へ繰入	27,981	18,764
計	29,114	(19,949) 18,772

11　自動車安全特別会計へ繰入（国土交通省所管）

5年度(百万円)	4年度(百万円)	比較増△減(百万円)
	(5,400)	(550)
5,950	6,649	△　699

この経費は、「平成6年度における財政運営のための国債整理基金に充てるべき資金の繰入れの特例等に関する法律」（平6法43）等に基づき自動車損害賠償責任再保険特別会計から一般会計へ繰り入れた額について、同法等に規定する運用収入に相当する額の一部を同法等に基づき自動車安全特別会計へ繰り入れるために必要な経費である。

東日本大震災復興特別会計への繰入

5年度(百万円)	4年度(百万円)	比較増△減(百万円)
	(82,931)	(△　53,137)
29,795	148,264	△　118,469

復興費用等の財源に充てるため、「特別会計に関する法律」（平19法23）に基づき、29,795百万円を一般会計から東日本大震災復興特別会計に繰り入れることとしている。

新型コロナウイルス感染症及び原油価格・物価高騰対策予備費

5年度(百万円)	4年度(百万円)	比較増△減(百万円)
	(5,000,000)	(△　1,000,000)
4,000,000	9,860,000	△　5,860,000

新型コロナウイルス感染症に係る感染拡大防止策に要する経費その他の同感染症に係る緊急を要する経費又は原油価格・物価高騰に伴うエネルギー、原材料、食料等の安定供給対策に要する経費その他の原油価格・物価高騰対策に係る緊急を要する経費の予見し難い予算の不足に充てるため、計上することとしている。

ウクライナ情勢経済緊急対応予備費

5年度(百万円)	4年度(百万円)	比較増△減(百万円)
	(―)	(1,000,000)
1,000,000	1,000,000	―

ウクライナ情勢に伴い発生しうる経済危機への対応に要する経費その他の国際情勢の変化又は大寒波の到来その他の災害に伴い発生しうる経済危

機への対応に係る緊急を要する経費の予見し難い予算の不足に充てるため、計上することとしている。

予　備　費

5 年度(百万円)	4 年度(百万円)	比較増△減(百万円)
	(500,000)	(一)
500,000	900,000	△　400,000

予見し難い予算の不足に充てるため、計上することとしている。

(B) 歳　入

1　租税及印紙収入

5年度(百万円)	4年度(百万円)	比較増△減(百万円)
	(65,235,000)	(4,205,000)
69,440,000	68,359,000	1,081,000

　現行法による5年度の租税及印紙収入は、694,540億円であって、4年度補正(第2号)後予算額に対して10,950億円の増加(4年度当初予算額に対して42,190億円の増加)が見込まれる。

　この金額から、5年度に予定されている法人課税及び消費課税の税制改正による減収140億円を差し引くと、4年度補正(第2号)後予算額に対する増加額は10,810億円となる。

　したがって、これらの税制改正を織り込んだ5年度の租税及印紙収入は、694,400億円であって、その税目別内訳は、次のとおりである。

令和5年度租税及印紙収入予算額

(単位　億円)

税　　目	4年度予算額 (A)	5年度 前年度予算額に対する現行法による増△減収見込額 (B)	5年度 現行法による収入見込額 (C)=(A)+(B)	5年度 税制改正による増△減収見込額 (D)	5年度 改正法による収入見込額(予算額) (E)=(C)+(D)	5年度 前年度予算額に対する増△減収見込額 (F)=(E)−(A)
所得税　源泉分	(170,840) 184,950	△ (4,310) 9,800	175,150	—	175,150	△ (4,310) 9,800
所得税　申告分	(32,980) 35,240	(2,350) 90	35,330	—	35,330	(2,350) 90
所得税　計	(203,820) 220,190	△ (6,660) 9,710	210,480	—	210,480	△ (6,660) 9,710
法人税	(133,360) 137,870	(12,770) 8,260	146,130	△ 110	146,020	(12,660) 8,150
相続税	(26,190) 28,390	△ (1,570) 630	27,760	—	27,760	△ (1,570) 630
消費税	(215,730) 221,610	(18,140) 12,260	233,870	△ 30	233,840	(18,110) 12,230
酒税	11,280	520	11,800	—	11,800	520
たばこ税	9,340	10	9,350	—	9,350	10
揮発油税	20,790	△ 800	19,990	—	19,990	△ 800
石油ガス税	50	—	50	—	50	—
航空機燃料税	340	—	340	—	340	—
石油石炭税	6,600	△ 130	6,470	—	6,470	△ 130
電源開発促進税	3,130	110	3,240	—	3,240	110
自動車重量税	3,850	△ 70	3,780	—	3,780	△ 70
国際観光旅客税	90	110	200	—	200	110
関税	(8,250) 10,530	(2,970) 690	11,220	—	11,220	(2,970) 690
とん税	90	10	100	—	100	10

税　　目	4年度予算額	5　　年　　度				
		前年度予算額に対する現行法による増△減収見込額	現行法による収入見込額	税制改正による増△減収見込額	改正法による収入見込額（予算額）	前年度予算額に対する増△減収見込額
	(A)	(B)	(C)=(A)+(B)	(D)	(E)=(C)+(D)	(F)=(E)-(A)
印紙収入　収入印紙	5,380	△　170	5,210	—	5,210	△　170
現金収入	4,060	490	4,550	—	4,550	490
計	9,440	320	9,760	—	9,760	320
合　　計	(652,350) 683,590	(42,190) 10,950	694,540	△　140	694,400	(42,050) 10,810

(注1)　自動車重量税の現行法による収入見込額は、5年度税制改正におけるエコカー減税の基準見直しによる増収見込額10億円を含めて計上している。これは、当該増収見込額が3年度以前の税制改正に起因して3年度から5年度にかけて追加的に発生した減収見込額△60億円に対応するものであることを勘案したものである。

(注2)　法人税の税制改正による増△減収見込額のうち△20億円及び消費税の税制改正による増△減収見込額△30億円は、5年度税制改正におけるダイレクト納付の利便性の向上によって、5年度に帰属する予定であった法人税額の一部及び消費税額の一部が、納付時期のずれにより、6年度税収に帰属することによるものである。

2　官業益金及官業収入

5年度(百万円)	4年度(百万円)	比較増△減(百万円)
50,567	50,922	△　354

内訳は、次のとおりである。

	5年度(百万円)	4年度(百万円)
官　業　収　入	50,567	50,922
病　院　収　入	15,129	16,041
国有林野事業収入	35,438	34,881

以上のうち、国有林野事業収入は、立木竹等の売払見込数量等を勘案して見込んだものである。

3　政府資産整理収入

5年度(百万円)	4年度(百万円)	比較増△減(百万円)
671,064	(251,716) 305,957	(419,348) 365,107

内訳は、次のとおりである。

	5年度(百万円)	4年度(百万円)
国有財産処分収入	465,049	42,057
国有財産売払収入	39,348	36,840
特定国有財産売払収入	9,299	5,217
防衛力強化国有財産売払収入	416,402	—

	5年度(百万円)	4年度(百万円)
回収金等収入	206,015	(209,659) 263,899
特別会計整理収入	74,129	89,900
貸付金等回収金収入	93,591	86,250
東日本大震災復興貸付金等回収金収入	216	216
東日本大震災復興放射性物質汚染対策緊急除染等事業費回収金収入	29,574	29,555
引継債権整理収入	0	0
政府出資回収金収入	8,461	(3,690) 57,930
事故補償費返還金	43	48
計	671,064	(251,716) 305,957

以上のうち、防衛力強化国有財産売払収入は、防衛力整備計画対象経費(仮称)の財源又は防衛力強化資金(仮称)への繰入れの財源に充てるための土地の売払実績等による土地売払代を勘案して見込んだものである。

(注)　防衛力整備計画対象経費(仮称)の財源又は防衛力強化資金(仮称)への繰入れの財源は、「我が国の防衛力の抜本的な強化等のために必要な財源の確保に関する特別措置法」(仮称)に基づくものをいう(以下同じ)。

4 雑 収 入

	5年度(百万円)	4年度(百万円)	比較増△減(百万円)
	8,596,604	(5,079,641) 5,698,456	(3,516,964) 2,898,148

内訳は、次のとおりである。

	5年度(百万円)	4年度(百万円)
国有財産利用収入	107,268	(108,522) 121,092
国有財産貸付収入	55,238	54,786
国有財産使用収入	3,180	3,412
利 子 収 入	40	47
配 当 金 収 入	48,811	(50,277) 62,847
納 付 金	1,429,561	(1,401,530) 1,451,456
法科大学院設置者納付金	51	49
日本銀行納付金	946,400	931,200
独立行政法人造幣局納付金	1,099	1,746
独立行政法人日本スポーツ振興センター納付金	3,751	(3,773) 3,878
日本中央競馬会納付金	360,839	340,480
特定アルコール譲渡者納付金	10,520	10,622
特定タンカー所有者納付金	320	98
雑 納 付 金	31,980	(113,562) 163,378
防衛力強化雑納付金	74,600	—
東日本大震災復興雑納付金	—	(—) 4
諸 収 入	7,059,776	(3,569,588) 4,125,909
特別会計受入金	943,977	1,698,963
東日本大震災復興食料安定供給特別会計受入金	1	0
防衛力強化特別会計受入金	3,731,917	—
脱炭素成長型経済構造移行推進特別会計受入金	143	—
公共事業費負担金	561,733	(567,464) 747,325
東日本大震災復興公共事業費負担金	3	14
授業料及入学検定料	112	119
許可及手数料	78,330	77,236
受託調査試験及役務収入	105,832	106,991
懲罰及没収金	86,688	91,486
弁償及返納金	887,467	(778,187) 1,154,647
防衛力強化弁償及返納金	369,018	—
物品売払収入	6,144	4,676
電波利用料収入	74,996	74,996
特定基地局開設料収入	12,700	9,100
矯正官署作業収入	2,239	2,821
文官恩給費特別会計等負担金	205	266
附帯工事費負担金	17,589	16,459
雑 入	180,681	140,812
計	8,596,604	(5,079,641) 5,698,456

以上のうち、主なものについて説明すると、次のとおりである。

（1） 配当金収入の内訳は、次のとおりである。

	5年度(百万円)	4年度(百万円)
日本銀行配当金収入	3	3
日本郵政株式会社配当金収入	48,771	(50,238) 62,798
日本アルコール産業株式会社配当金収入	16	(16) 20
輸出入・港湾関連情報処理センター株式会社配当金収入	21	(20) 27
計	48,811	(50,277) 62,847

（2） 日本銀行納付金は、「日本銀行法」(平9法89)に基づき日本銀行から納付される納付金を見込んだものである。

（3） 日本中央競馬会納付金は、「日本中央競馬会法」(昭29法205)に基づき日本中央競馬会から納付される納付金を見込んだものである。

（4） 防衛力強化雑納付金は、防衛力整備計画対象経費(仮称)の財源又は防衛力強化資金(仮称)への繰入れの財源に充てるための「我が国の防衛力の抜本的な強化等のために必要な財源の確保に関する特別措置法」(仮称)に基づき独立行政法人国立病院機構及び独立行政法人地域医療機能推進機構から納付される納付金を見込んだものである。

（5） 特別会計受入金は、「特別会計に関する法律」(平19法23)等に基づく各特別会計からの受入金を見込んだものであって、その内訳は、次のとおりである。

	5年度(百万円)	4年度(百万円)
財政投融資特別会計受入金	33	270,144
外国為替資金特別会計受入金	940,203	1,424,484
エネルギー対策特別会計受入金	0	0
年金特別会計受入金	189	806
食料安定供給特別会計受入金	3,408	3,378
自動車安全特別会計受入金	143	151
計	943,977	1,698,963

（6） 防衛力強化特別会計受入金は、防衛力整備計画対象経費(仮称)の財源又は防衛力強化資金(仮称)への繰入れの財源に充てるための財政投融資特別会計財政融資資金勘定及び投資勘定並びに外国為替資金特別会計からの受入金を見込んだものであり、このうち、財政投融資特別会計財政融資資金勘定からの受入金、外国為替資金特別会計からの受入金の一部は、「我が国の防衛力の抜本的な強化等のために必要な財源の確保に関する特別措置法」(仮称)に基づく受入金である。その内訳は、次のとおりである。

	5年度(百万円)	4年度(百万円)
財政投融資特別会計特別措置受入金(財政融資資金勘定)	200,000	—
財政投融資特別会計受入金(投資勘定)	436,673	—

外国為替資金特別会計受入金	1,894,812	—
外国為替資金特別会計特別措置受入金	1,200,433	—
計	3,731,917	—

（7） 公共事業費負担金は、一般会計で実施している直轄事業の負担金を地方公共団体等から受け入れることによる収入である。

（8） 受託調査試験及役務収入の内訳は、次のとおりである。

	5年度(百万円)	4年度(百万円)
受託工事収入	89,680	90,941
地方消費税徴収取扱費受入	15,968	15,849
その他	184	201
計	105,832	106,991

（9） 懲罰及没収金の内訳は、次のとおりである。

	5年度(百万円)	4年度(百万円)
交通反則者納金	51,557	54,114
罰金及科料	31,897	34,508
その他	3,235	2,864
計	86,688	91,486

（10） 弁償及返納金の内訳は、次のとおりである。

	5年度(百万円)	4年度(百万円)
弁償及違約金	7,107	6,522
返納金	880,361	(771,665) 1,148,125
計	887,467	(778,187) 1,154,647

（11） 防衛力強化弁償及返納金は、防衛力整備計画対象経費(仮称)の財源又は防衛力強化資金(仮称)への繰入れの財源に充てるための生活困窮者就労準備支援事業費等補助金及び独立行政法人中小企業基盤整備機構の新型コロナウイルス感染症基金に係る返納金を見込んだものである。

（12） 電波利用料収入は、無線局数等を勘案して見込んだものである。

5 公 債 金

5年度(百万円)	4年度(百万円)	比較増△減(百万円)
35,623,000	(36,926,000) 62,478,917	(△1,303,000) △26,855,917

内訳は、次のとおりである。

	5 年度(百万円)	4 年度(百万円)
公　債　金	6,558,000	(6,251,000) 8,727,000
特 例 公 債 金	29,065,000	(30,675,000) 53,751,917
計	35,623,000	(36,926,000) 62,478,917

以上について説明すると、次のとおりである。

（1）　公債金は、「財政法」(昭22法34)第4条第1項ただし書の規定により発行する公債の収入である。

　なお、「財政法」(昭22法34)第4条第3項の規定による公共事業費の範囲は、一般会計予算予算総則第7条に掲げるとおりであるが、その金額並びに出資金及び貸付金の合計額は6,819,773百万円となる。

（2）　特例公債金は、「財政運営に必要な財源の確保を図るための公債の発行の特例に関する法律」(平24法101)第3条第1項の規定により発行する公債の収入である。

（参考）　公共事業費、出資金及び貸付金の金額

（単位　百万円）

1　公　共　事　業　費	
（1）　公 共 事 業 関 係 費	
治 山 治 水 対 策 事 業 費	794,944
道 路 整 備 事 業 費	1,466,980
港湾空港鉄道等整備事業費	307,215
住 宅 都 市 環 境 整 備 事 業 費	582,877
公園水道廃棄物処理等施設整備費	177,531
農 林 水 産 基 盤 整 備 事 業 費	569,895
社 会 資 本 総 合 整 備 事 業 費	1,380,489
推 　進 　費 　等	61,938
災 害 復 旧 等 事 業 費	67,527
小 　　計	5,409,396
（2）　そ の 他 施 設 費	
衆 議 院 施 設 費	2,290
参 議 院 施 設 費	1,119
国 立 国 会 図 書 館 施 設 費	1,242
裁 判 所 施 設 費	14,631
内 閣 官 房 施 設 費	1,625
情 報 収 集 衛 星 施 設 費	1,152
内 閣 本 府 施 設 費	3,358
独立行政法人国立公文書館施設整備費	32
沖縄政策費(沖縄製糖業体制強化対策整備費補助金及び沖縄科学技術大学院大学学園施設整備費補助金に限る。)	2,465

沖縄振興交付金事業推進費(沖縄振興公共投資交付金に限る。)	36,806
沖 縄 教 育 振 興 事 業 費	5,000
沖縄国立大学法人施設整備費	14,262
地方創生推進費(地方創生拠点整備交付金に限る。)	7,000
警 察 庁 施 設 費	10,475
交通警察費(都道府県警察施設整備費補助金に限る。)	17,134
警察活動基盤整備費(都道府県警察施設整備費補助金に限る。)	5,009
国立児童自立支援施設整備費	42
児 童 福 祉 施 設 等 整 備 費	36,668
総 務 本 省 施 設 費	1,044
国立研究開発法人情報通信研究機構施設整備費	90
情報通信技術利用環境整備費(放送ネットワーク整備支援事業費補助金に限る。)	963
消 防 庁 施 設 費	137
消防防災体制等整備費(消防防災施設整備費補助金に限る。)	1,372
法 務 省 施 設 費	18,900
外 務 本 省 施 設 費	931
独立行政法人国際協力機構施設整備費	1,549
在 外 公 館 施 設 費	5,349
財 務 本 省 施 設 費	261
公 務 員 宿 舎 施 設 費	7,436
特 定 国 有 財 産 整 備 費	8,275
財 務 局 施 設 費	233
税 関 施 設 費	213
船 舶 建 造 費(税関分)	965
国 税 庁 施 設 費	2,818
独立行政法人国立高等専門学校機構施設整備費	1,349
私立学校振興費(私立学校施設整備費補助金に限る。)(文部科学省分)	6,014
研究振興費(次世代放射光施設整備費補助金に限る。)	1,325
国立大学法人施設整備費	37,527
国立研究開発法人科学技術振興機構施設整備費	403
国立研究開発法人量子科学技術研究開発機構施設整備費	1,566
国立研究開発法人海洋研究開発機構船舶建造費	3,355
国立研究開発法人宇宙航空研究開発機構施設整備費	6,584
公 立 文 教 施 設 整 備 費	69,257
独立行政法人日本学生支援機構施設整備費	102

私立学校振興費(スポーツ庁分)	80	農業生産基盤整備推進費(特殊自然災害対策整備費補助金及び農業水利施設保全管理整備交付金に限る。)	28,906
文化財保存事業費(国宝重要文化財等防災施設整備費補助金及び史跡等購入費補助金に限る。)	11,993	国産農産物生産基盤強化等対策費(国産農産物生産基盤強化等対策整備費補助金及び国産農産物生産基盤強化等対策整備交付金に限る。)	2,140
文化財保存施設整備費	580	国立研究開発法人農業・食品産業技術総合研究機構施設整備費(農林水産本省分)	146
独立行政法人国立美術館施設整備費	400	独立行政法人家畜改良センター施設整備費	175
厚生労働本省施設費	153	農業・食品産業強化対策費(農業・食品産業強化対策整備交付金に限る。)	11,992
国立研究開発法人国立がん研究センター施設整備費	246	農林水産業環境政策推進費(農林水産業環境政策推進整備交付金に限る。)	85
国立研究開発法人国立精神・神経医療研究センター施設整備費	1,514	農山漁村活性化対策費(農山漁村活性化対策整備交付金及び農山漁村情報通信環境整備交付金に限る。)	7,024
国立研究開発法人国立国際医療研究センター施設整備費	463	農林水産本省検査指導所施設費	234
国立研究開発法人国立長寿医療研究センター施設整備費	269	農林水産技術会議施設費	61
ハンセン病資料館施設費	837	国立研究開発法人農業・食品産業技術総合研究機構施設整備費(農林水産技術会議分)	553
医療提供体制基盤整備費(医療施設等施設整備費補助金及び医療提供体制施設整備交付金に限る。)	5,504	国立研究開発法人国際農林水産業研究センター施設整備費	22
保健衛生施設整備費	3,601	地方農政局施設費	395
生活基盤施設耐震化等対策費	20,154	北海道農政事務所施設費	49
社会福祉施設整備費	4,905	林野庁施設費	1,011
障害保健福祉費(心神喪失者等医療観察法指定入院医療機関施設整備費負担金に限る。)	509	国立研究開発法人森林研究・整備機構施設整備費	314
介護保険制度運営推進費(地域介護・福祉空間整備等施設整備交付金に限る。)	1,167	森林整備・林業等振興対策費(森林整備・林業等振興整備交付金に限る。)	6,152
国立研究開発法人医薬基盤・健康・栄養研究所施設整備費	38	国立研究開発法人水産研究・教育機構施設整備費	199
検疫所施設費	108	船舶建造費(水産庁分)	138
国立ハンセン病療養所施設費	3,470	漁村活性化対策費(漁村活性化対策地方公共団体整備費補助金に限る。)	600
厚生労働省試験研究所施設費	391	水産業強化対策費(水産業強化対策整備交付金に限る。)	2,174
国立障害者リハビリテーションセンター施設費	209	経済産業本省施設費	3,487
地方厚生局施設費	28	経済産業局施設費	60
都道府県労働局施設費	188	国土交通本省施設費	69
農林水産本省施設費	339	河川管理施設整備費	51
農林水産物・食品輸出促進対策費(農林水産物・食品輸出促進対策整備交付金に限る。)	152	整備新幹線建設推進高度化等事業費	1,538
独立行政法人農林水産消費安全技術センター施設整備費	57	離島振興費(小笠原諸島振興開発事業費補助に限る。)	902
食料安全保障確立対策費(食料安全保障確立対策整備交付金に限る。)	144	国立研究開発法人土木研究所施設整備費	322
担い手育成・確保等対策費(担い手育成・確保等対策地方公共団体整備費補助金に限る。)	398		
農地集積・集約化等対策費(農地集積・集約化等対策整備交付金に限る。)	20,043		

国立研究開発法人建築研究所施設整備費	77
国立研究開発法人海上・港湾・航空技術研究所施設整備費	200
官　庁　営　繕　費	17,320
国土技術政策総合研究所施設費	83
国　土　地　理　院　施　設　費	59
地　方　整　備　局　施　設　費	1
北　海　道　開　発　局　施　設　費	37
気　象　官　署　施　設　費	102
海　上　保　安　官　署　施　設　費	4,375
船舶建造費(海上保安庁分)	21,578
環　境　本　省　施　設　費	3,503
資源循環政策推進費(廃棄物処理施設整備交付金に限る。)	1,198
生物多様性保全等推進費(環境保全施設整備費補助金に限る。)	224
環　境　保　全　施　設　整　備　費	529
環境保健対策推進費(水俣病総合対策施設整備費補助金に限る。)	271
国立研究開発法人国立環境研究所施設整備費	854
地　方　環　境　事　務　所　施　設　費	74
原　子　力　規　制　委　員　会　施　設　費	3,774
防　衛　本　省　施　設　費	3,130
防衛力基盤強化施設整備費(防衛本省分)	219,912
艦　船　建　造　費	16,554
令和元年度潜水艦建造費	23,651
令和2年度甲V型警備艦建造費	40,675
令和2年度潜水艦建造費	24,733
令和3年度甲V型警備艦建造費	43,168
令和3年度潜水艦建造費	19,672
令和4年度甲V型警備艦建造費	9,079
令和4年度潜水艦建造費	3,006
令和5年度甲V型警備艦建造費	3,022
令和5年度潜水艦建造費	5,267
地　方　防　衛　局　施　設　費	125
防衛力基盤強化施設整備費(防衛装備庁分)	22,270
小　　　　計	973,592
計	6,382,988

2　出　資　金

沖縄振興開発金融公庫出資金	200
出資国債等償還財源国債整理基金特別会計へ繰入	213,266
政府開発援助独立行政法人国際協力機構有償資金協力部門出資金	47,840
株式会社日本政策金融公庫出資金(財務省分)	46,700
株式会社日本政策金融公庫出資金(農林水産省分)	74
国立研究開発法人森林研究・整備機構出資金	9,544
独立行政法人住宅金融支援機構出資金	1,520
独立行政法人日本高速道路保有・債務返済機構出資金	26
中間貯蔵・環境安全事業株式会社出資金	2,468
計	321,638

3　貸　付　金

災　害　援　護　貸　付　金	150
母　子　父　子　寡　婦　福　祉　貸　付　金	1,419
育　英　資　金　貸　付　金	100,304
電　線　敷　設　工　事　資　金　貸　付　金	25
自動運行補助施設設置工事資金貸付金	25
埠　頭　整　備　等　資　金　貸　付　金	3,475
港　湾　開　発　資　金　貸　付　金	200
特定連絡道路工事資金貸付金	25
都　市　開　発　資　金　貸　付　金	3,609
有　料　道　路　整　備　資　金　貸　付　金	5,840
連続立体交差事業資金貸付金	75
計	115,147
合　　　　計	6,819,773

(備考)

1　上記の計数は、説明の便に供するため、公共事業費については、公共事業関係費は主要経費別、その他施設費は項別によることとし、出資金及び貸付金については、目別によることとした。

2　上記の公共事業関係費の計数は、公共事業関係費6,059,994百万円から(1)住宅対策諸費(住宅建設事業調査費及び独立行政法人住宅金融支援機構出資金を除く。)36,152百万円及び民間都市開発推進機構補給金1百万円、(2)航空機燃料税財源空港整備事業費27,348百万円、公共事業費負担金相当額557,970百万円、受託工事収入人件費等相当額2,781百万円、附帯工事費負担金人件費等相当額955百万円及び河川管理費人件費等相当額1,026百万円、(3)国立研究開発法人森林研究・整備機構出資金9,544百万円、独立行政法人住宅金融支援機構出資金1,520百万円及び独立行政法人日本高速道路保有・債務返済機構出資金26百万円並びに(4)電線敷設工事資金貸付金25百万円、自動運行補助施設設置工事資金貸付金25百万円、埠頭整備等資金貸付金3,475百万円、港湾開発資金貸付金200百万円、特定連絡道路工事資金貸付金25百万円、都市開発資金貸付金3,609百万円、有料道路整備資金貸付金5,840百万円及び連続立体交差事業資金貸付金75百万円の合計650,598百万円を控除したものである。

第3　特　別　会　計

「財政法」（昭 22 法 34）第 13 条第 2 項において
は、

(イ)　特定の事業を行う場合、

(ロ)　特定の資金を保有してその運用を行う場
合、

(ハ)　その他特定の歳入をもって特定の歳出に

充て、一般の歳入歳出と区分して経理する必
要がある場合

に限り、法律により特別会計を設置するものとさ
れている。

5 年度においては、特別会計の数は次の 13 と
なっている。

(特別会計一覧)

・交付税及び譲与税配付金特別会計(内閣府、総務
省及び財務省)
・地震再保険特別会計(財務省)
・国債整理基金特別会計(財務省)
・外国為替資金特別会計(財務省)
・財政投融資特別会計(財務省及び国土交通省)
・エネルギー対策特別会計(内閣府、文部科学省、
経済産業省及び環境省)
・労働保険特別会計(厚生労働省)
・年金特別会計(内閣府及び厚生労働省)

・食料安定供給特別会計(農林水産省)
・国有林野事業債務管理特別会計(農林水産省)
・特許特別会計(経済産業省)
・自動車安全特別会計(国土交通省)
・東日本大震災復興特別会計(国会、裁判所、会計検
査院、内閣、内閣府、デジタル庁、復興庁、総務
省、法務省、外務省、財務省、文部科学省、厚生
労働省、農林水産省、経済産業省、国土交通省、
環境省及び防衛省)

各特別会計の経理する内容は、それぞれ異なる
ものであるが、5 年度予算における各特別会計の
歳出額を単純に合計した歳出総額は、441.9 兆円
である。このうち、会計間の取引額等の重複額等
を控除した特別会計の純計額は、197.3 兆円であ
る。

この 197.3 兆円には、国債償還費等 82.0 兆円（4
年度当初予算比 10.9 兆円減）、社会保障給付費
75.4 兆円（同 1.8 兆円増）、地方交付税交付金等（地
方譲与税等を含む。）19.9 兆円（同 0.1 兆円増）、財
政融資資金への繰入 12.0 兆円（同 13.0 兆円減）が
含まれており、純計額よりこれらを除いた額は
8.1 兆円となっている。さらに、東日本大震災か
らの復興に関する事業に係る経費 0.7 兆円（同 0.1
兆円減）を除いた額は、7.4 兆円となり、4 年度当
初予算額に対して 0.9 兆円の増加となっている。

純計額の主な内訳を含め、以上を整理すれば次
のとおりである。

	5年度 (百万円)	4年度 当初(百万円)
特 別 会 計 歳 出 総 額	441,908,848	467,282,396
特 別 会 計 の 会 計 間 取 引 額	56,492,562	68,383,703
特 別 会 計 内 の 勘 定 間 取 引 額	28,698,268	27,183,175
一 般 会 計 へ の 繰 入 額	1,852,958	288,539
国債整理基金特別会計における借換償還額	157,551,331	152,940,382
純 計 額	197,313,729	218,486,597
i 国 債 償 還 費 等	81,964,152	92,856,853
ii 社 会 保 障 給 付 費	75,384,233	73,560,484
iii 地 方 交 付 税 交 付 金 等	19,870,954	19,768,664
iv 財 政 融 資 資 金 へ の 繰 入	12,000,000	25,000,000
上 記 i ～ iv を 除 い た 純 計 額	8,094,390	7,300,596
v 復 興 関 連 経 費	652,248	728,919
上 記 i ～ v を 除 い た 純 計 額	7,442,142	6,571,677

1 交付税及び譲与税配付金特別会計

　この会計は、地方交付税及び地方譲与税(地方揮発油譲与税、森林環境譲与税、石油ガス譲与税、特別法人事業譲与税、自動車重量譲与税、航空機燃料譲与税及び特別とん譲与税を総称する。)の配付に関する経理を明確にするために設けられたものである。

　また、地方特例交付金及び交通安全対策特別交付金についても、この会計に計上することとしている。

　5年度の主な内容は、次のとおりである。
(1)　歳入において、5年度の所得税及び法人税の収入見込額の100分の33.1に相当する額11,800,150百万円、酒税の収入見込額の100分の50に相当する額590,000百万円並びに消費税の収入見込額の100分の19.5に相当する額4,559,880百万円の合算額16,950,030百万円から、① 20年度、21年度、28年度、元年度及び2年度の地方交付税の精算額のうち「地方交付税法」(昭25法211)等に基づき5

年度分の地方交付税の総額から減額することとされている額783,154百万円を控除し、②同法等において5年度分の地方交付税の総額に加算することとされている額15,400百万円を加算した額16,182,276百万円を一般会計から受け入れることとしている。

　財政投融資特別会計投資勘定からは、「地方公共団体金融機構法」(平19法64)に基づき、地方交付税交付金の財源に充てるため、同勘定に帰属する地方公共団体金融機構の公庫債権金利変動準備金に相当する額として100,000百万円を受け入れることとしている。

　東日本大震災復興特別会計から震災復興特別交付税に充てるための財源として62,246百万円を受け入れることとしている。

　地方法人税については、1,891,900百万円を計上し、その全額から28年度地方法人税決算精算額を控除した額を地方交付税交付金の財源としている。

　上記の一般会計からの受入等については、

歳出において、借入金の償還金及び利子並びに一時借入金の利子の支払いの一部の財源に充てるとともに、地方交付税交付金17,002,354百万円(うち、震災復興特別交付税65,402百万円)を計上することとしている。

（２）「地方特例交付金等の地方財政の特別措置に関する法律」(平11法17)に基づき、歳入において一般会計からの受入204,500百万円を計上することとし、これを財源として歳出において個人住民税における住宅借入金等特別税額控除による減収額を補塡するため、地方特例交付金を計上することとしている。

（３）「地方税法」(昭25法226)に基づき、歳入において一般会計からの受入12,400百万円を計上することとし、これを財源として歳出において「新型コロナウイルス感染症緊急経済対策」(２年４月20日閣議決定)における税制上の措置による減収額を補塡するため都道府県及び市町村に交付する固定資産税減収補塡特別交付金を、新型コロナウイルス感染症対策地方税減収補塡特別交付金として計上することとしている。

（４）「道路交通法」(昭35法105)に基づき、地方の道路交通安全施設の設置等の財源に充てるため、歳入において交通反則者納金の収入51,557百万円を一般会計から受け入れることとし、これらを財源として歳出において交通安全対策特別交付金等を計上することとしている。同交付金については、一定の基準により都道府県及び市町村(特別区を含む。)に交付することとしている。

（５）地方揮発油税の収入を受け入れ、「地方揮発油譲与税法」(昭30法113)に基づき、地方揮発油譲与税譲与金として、一定の基準により都道府県及び市町村(特別区を含む。)に譲与することとしている。

（６）「森林環境税及び森林環境譲与税に関する法律」(平31法3)に基づき、都道府県及び市町村(特別区を含む。)が実施する森林環境整備事業費等の財源に充てるため、財政投融資特別会計投資勘定から「地方公共団体金融機構法」(平19法64)に基づき同勘定に帰属する地方公共団体金融機構の公庫債権金利変動準備金に相当する額として50,000百万円を受け入れることとし、これを財源として、森林環境譲与税譲与金として50,000百万円を歳出に計上し、一定の基準により都道府県及び市町村(特別区を含む。)に譲与することとしている。

（７）石油ガス税の収入の２分の１に相当する額を受け入れ、「石油ガス譲与税法」(昭40法157)に基づき、石油ガス譲与税譲与金として、一定の基準により都道府県及び「道路法」(昭27法180)第７条第３項に規定する指定市に譲与することとしている。

（８）特別法人事業税の収入を受け入れ、「特別法人事業税及び特別法人事業譲与税に関する法律」(平31法4)に基づき、特別法人事業譲与税譲与金として、一定の基準により都道府県に譲与することとしている。

（９）自動車重量税の収入の1,000分の431に相当する額を受け入れ、「自動車重量譲与税法」(昭46法90)に基づき、自動車重量譲与税譲与金として、一定の基準により都道府県及び市町村(特別区を含む。)に譲与することとしている。

（10）航空機燃料税の収入の13分の4に相当する額を受け入れ、「航空機燃料譲与税法」(昭47法13)に基づき、空港関係都道府県及び空港関係市町村の航空機騒音対策事業費等の財源に充てるため、航空機燃料譲与税譲与金として、一定の基準により同法に規定する都道府県及び市町村(特別区を含む。)に譲与することとしている。

（11）特別とん税の収入を受け入れ、「特別とん譲与税法」(昭32法77)に基づき、特別とん譲与税譲与金として、徴収地港の所在する都及び市町村に譲与することとしている。

（12）財政融資資金及び民間からの借入金を計上している。借入金の償還金及び利子並びに一時借入金の利子の支払いの財源を国債整理基金特別会計に繰り入れることとしている。

この会計の歳入歳出予算の大要は、次のとおりである。

	5年度(百万円)	4年度(百万円)
（歳　入）		
一般会計より受入	16,450,732	(15,936,652) 17,567,480
財政投融資特別会計より受入	150,000	50,000
東日本大震災復興特別会計より受入	62,246	91,943
地方法人税	1,891,900	(1,712,700) 1,821,300
地方揮発油税	213,900	222,500
石油ガス税	5,000	5,000
特別法人事業税	2,009,300	(2,004,400) 2,103,900
自動車重量税	286,400	291,600
航空機燃料税	15,200	15,200
特別とん税	12,500	11,300
借入金	28,312,295	29,612,295
雑収入	2	2
前年度剰余金受入	1,764,331	(1,464,547) 1,642,242
東日本大震災復興前年度剰余金受入	3,156	996
計	51,176,962	(51,419,136) 53,435,757
（歳　出）		
地方交付税交付金	17,002,354	(16,890,656) 18,811,771
地方特例交付金	204,500	217,200
新型コロナウイルス感染症対策地方税減収補塡特別交付金	12,400	(9,500) 5,507
交通安全対策特別交付金	51,600	53,506
地方揮発油譲与税譲与金	216,400	229,100
森林環境譲与税譲与金	50,000	50,000
石油ガス譲与税譲与金	5,000	4,800
特別法人事業譲与税譲与金	2,013,700	(1,998,600) 2,092,500
自動車重量譲与税譲与金	287,400	289,100
航空機燃料税譲与税譲与金	15,200	14,900
特別とん譲与税譲与金	12,400	11,300
地方道路譲与税譲与金	—	3
事務取扱費	265	265
諸支出金	298	326
国債整理基金特別会計へ繰入	29,669,495	30,183,195
予備費	2,600	2,600
計	49,543,613	(49,955,051) 51,966,072

2　地震再保険特別会計

　この会計は、「地震保険に関する法律」(昭41法73)に基づき、保険会社等が行う地震保険に対する政府の地震再保険事業に関する経理を明確にするために設けられたものである。

　この会計の歳入歳出予算の大要は、次のとおりである。

	5年度(百万円)	4年度(百万円)
（歳　入）		
再保険料収入	80,217	81,618
雑収入	28,763	28,412
計	108,980	110,030
（歳　出）		
再保険費	108,891	109,941
事務取扱費	89	89
予備費	1	1
計	108,980	110,030

3　国債整理基金特別会計

　この会計は、国債の償還及び発行を円滑に行うための資金として国債整理基金を置き、その経理を明確にするために設けられたものである。

　この会計の歳入歳出予算の大要は、次のとおりである。

	5年度(百万円)	4年度(百万円)
（歳　入）		
他会計より受入	81,324,198	(92,333,090) 88,001,753
一般会計より受入	25,249,411	(24,338,491) 24,070,868
交付税及び譲与税配付金特別会計等より受入	56,074,787	(67,994,600) 63,930,884
東日本大震災復興他会計より受入	15,587	(20,369) 246,044
東日本大震災復興特別会計より受入	15,587	(20,369) 246,044
脱炭素成長型経済構造移行推進他会計より受入	607	—
エネルギー対策特別会計より受入	607	—

	5年度予定	4年度実績見込み
租　　　　税	112,800	112,600
公　債　金	153,121,222	(149,081,480) 144,865,510
復興借換公債金	3,326,663	(3,858,902) 3,621,723
脱炭素成長型経済構造移行借換公債金	1,103,446	—
東日本大震災復興株式売払収入	200,245	172,108
東日本大震災復興配当金収入	5,440	(3,972) 4,965
運　用　収　入	29,281	29,864
東日本大震災復興運用収入	145	122
雑　　収　　入	234,040	(178,954) 111,371
東日本大震災復興雑収入	22	(21) —
前年度剰余金受入	—	(—) 7,986
東日本大震災復興前年度剰余金受入	—	(—) 0
計	239,473,695	(245,791,483) 237,174,047
（歳　　出）		
国債整理支出	234,821,541	(241,735,989) 233,129,084
公　債　等　償　還	224,745,556	(231,897,311) 224,341,246
公債利子等支払	10,022,751	(9,788,439) 8,737,431
公債等償還及び発行諸費等	53,233	(50,239) 50,407
復興債整理支出	3,548,101	(4,055,494) 4,044,962
脱炭素成長型経済構造移行債整理支出	1,104,053	—
計	239,473,695	(245,791,483) 237,174,047

（注）　5年度の公債金153,121,222百万円は、5年度中に償還期限の到来する公債等の借換えのため「特別会計に関する法律」（平19法23）第46条第1項の規定により発行する公債及び5年度における国債の整理又は償還のため同法第47条第1項の規定により発行した公債（前倒債）に係る公債金収入の見込額である。

（参考）
　国債整理基金の年度末基金残高は、次のとおりである。

	5年度予定 （億円）	4年度実績 見込み（億円）
償還財源繰入額等	675,109	752,540
うち復興債償還財源	2,017	2,480
うち脱炭素成長型経済構造移行債（仮称）償還財源	—	—
償　還　額	675,115	752,678
うち復興債	2,017	2,480
うち脱炭素成長型経済構造移行債（仮称）	—	—
差引基金増△減額	△　6	△　139
年度末基金残高	30,035	30,042

4　外国為替資金特別会計

　この会計は、政府が行う外国為替等の売買及びこれに伴う取引を円滑にするために置かれた外国為替資金の運営に関する経理を明確にするために設けられたものである。外国為替資金の運営に基づく収益金及びその運営に要する経費等を歳入歳出とし、外国為替等の売買等に伴う外国為替資金の受払いは、歳入歳出外として経理される。

　5年度においては、外国為替資金に属する現金の不足を補うための一時借入金等の限度額を、過去の実績等を勘案して195,000,000百万円としている。

　また、「特別会計に関する法律」（平19法23）第8条第2項の規定により4年度において生ずる決算上の剰余の全額2,835,014百万円を5年度の一般会計の歳入に繰り入れることとしており、このうち1,894,812百万円を「我が国の防衛力の抜本的な強化等のために必要な財源の確保に関する特別措置法」（仮称）に基づく防衛力整備計画対象経費（仮称）の財源又は防衛力強化資金（仮称）への繰入れの財源に充てることとしている。また、「我が国の防衛力の抜本的な強化等のために必要な財源の確保に関する特別措置法」（仮称）に基づく防衛力整備計画対象経費（仮称）の財源又は防衛力強化資金（仮称）への繰入れの財源に充てるために、同法に基づきこの会計から1,200,433百万円を5年度の一般会計に

繰り入れることとしている。

なお、株式会社国際協力銀行に対し、グローバル投資強化ファシリティにおいて資金需要の増加等に伴い外貨資金が必要な場合にあっては、外国為替資金からの貸付けを行う場合がある。

この会計の歳入歳出予算の大要は、次のとおりである。

	5年度(百万円)	4年度(百万円)
（歳　入）		
外国為替等売買差益	157,200	161,025
運　用　収　入	2,830,933	2,329,607
雑　　収　　入	3	1
計	2,988,136	2,490,632
（歳　出）		
事　務　取　扱　費	2,931	3,158
諸　支　出　金	426,364	348,075
融通証券事務取扱費一般会計へ繰入	1	1
防衛力強化一般会計へ繰入	1,200,433	—
国債整理基金特別会計へ繰入	489,591	496,252
予　　備　　費	300,000	300,000
計	2,419,319	1,147,486

5　財政投融資特別会計

この会計は、財政融資資金の運用並びに産業の開発及び貿易の振興のために国の財政資金をもって行う投資に関する経理を明確にするために設けられたもので、財政融資資金勘定及び投資勘定より成っている。

また、庁舎等その他の施設の用に供する特定の国有財産（公共用財産等及び他の特別会計に属するものを除く。）の使用の効率化と配置の適正化を図るために定められる特定国有財産整備計画の実施による特定の国有財産の取得及び処分に関する経理を行うために設けられた特定国有財産整備特別会計が21年度末で廃止されたことに伴い、21年度末までに策定されていた事業で完了していない事業の経理を行うため、22年度から当該事業が完了する年度までの間の経過措置として特定国有財産整備勘定が設けられており、事業完了後の残余財産は一般会計

に承継予定である。

5年度の主な内容は、次のとおりである。

（1）　財政融資資金勘定

この勘定の負担において発行する公債の限度額を12,000,000百万円、一時借入金等の限度額を15,000,000百万円としている。

積立金より受入は、「我が国の防衛力の抜本的な強化等のために必要な財源の確保に関する特別措置法」(仮称)に基づく防衛力整備計画対象経費(仮称)の財源又は防衛力強化資金(仮称)への繰入れの財源に充てるため等の同法に基づく積立金からの受入れを見込んでいる。

なお、5年度においては、「我が国の防衛力の抜本的な強化等のために必要な財源の確保に関する特別措置法」(仮称)に基づく防衛力整備計画対象経費(仮称)の財源又は防衛力強化資金(仮称)への繰入れの財源に充てるために、同法に基づきこの勘定の積立金のうち200,000百万円を一般会計に繰り入れることとしている。

（2）　投　資　勘　定

歳入については、運用収入として株式会社国際協力銀行、地方公共団体金融機構等の納付金、日本たばこ産業株式会社、日本電信電話株式会社等の配当金等を見込むほか、前年度剰余金受入等と合わせて計1,016,707百万円を見積もることとしている。

歳出については、新しい資本主義の実現や経済安全保障の確保等を図ることとし、429,800百万円（4年度当初予算額326,200百万円）の産業投資支出を行うこととしている。

また、「特別会計に関する法律」(平19法23)に基づき、この勘定から一般会計への繰入金として、436,673百万円を計上し、「我が国の防衛力の抜本的な強化等のために必要な財源の確保に関する特別措置法」(仮称)に基づく防衛力整備計画対象経費(仮称)の財源又は防衛力強化資金(仮称)への繰入れの財源に充てることとしている。

なお、5年度においては、地方公共団体金

融機構の納付金（150,026百万円）は、地方の財源不足の補塡及び森林環境譲与税の譲与財源に充てるため、150,000百万円を交付税及び譲与税配付金特別会計へ特例的に繰り入れるほか、地方公共団体による上下水道事業への公共施設等運営権方式（コンセッション）の導入を促進するための補償金免除繰上償還に伴う財政融資資金勘定の利子収入の減少の補塡に充てるため、26百万円を同勘定へ繰り入れることとしている。

（3）特定国有財産整備勘定

　庁舎等の移転再配置、地震防災機能を発揮するために必要な庁舎の整備を行うため、18,547百万円の特定国有財産整備費を計上している。

　この会計の歳入歳出予算の大要は、次のとおりである。

	5年度(百万円)	4年度(百万円)
（1）財政融資資金勘定		
（歳　入）		
資金運用収入	785,114	(1,014,336) 751,154
公　債　金	12,000,000	(25,000,000) 16,500,000
財政融資資金より受入	10,835,145	(22,001,226) 18,001,226
積立金より受入	251,038	—
他勘定より受入	26	34
雑　収　入	30,254	(46,890) 41,618
計	23,901,577	(48,062,486) 35,294,032
（歳　出）		
財政融資資金へ繰入	12,000,000	(25,000,000) 16,500,000
事務取扱費	6,029	(5,934) 5,885
諸支出金	255,647	(257,338) 227,932
公債等事務取扱費一般会計へ繰入	33	106
防衛力強化一般会計へ繰入	200,000	—
国債整理基金特別会計へ繰入	11,439,807	(22,591,732) 18,554,557
予　備　費	60	60

計	23,901,577	(47,855,170) 35,288,541

（参考）

　「特別会計に関する法律」（平19法23）第65条の規定による金利スワップ取引については、5年度は、想定元本で12,000億円を上限として実施する予定である。

　なお、財政融資資金の長期運用予定額は、次のとおりである（「財政投融資計画の説明」参照）。

	5年度(億円)	4年度(億円) (当初計画)
特　別　会　計	1,276	1,757
政府関係機関	82,922	59,391
独立行政法人等	18,663	77,076
地方公共団体	24,238	26,264
計	127,099	164,488
（2）投資勘定		
（歳　入）		
運用収入	423,370	293,140
償還金収入	12,950	5,000
利子収入	72	94
納付金	164,695	66,925
配当金収入	225,919	184,151
出資回収金収入	19,733	36,969
雑収入	3	3
前年度剰余金受入	593,333	239,851
資産処分収入	—	183,398
計	1,016,707	716,391
（歳　出）		
産業投資支出	429,800	326,200
事務取扱費	108	119
地方公共団体金融機構納付金収入財政融資資金勘定へ繰入	26	34
防衛力強化一般会計へ繰入	436,673	—
地方公共団体金融機構納付金収入交付税及び譲与税配付金特別会計へ繰入	150,000	50,000
国債整理基金特別会計へ繰入	0	0
一般会計へ繰入	—	270,038
予　備　費	100	70,000
計	1,016,707	716,391

　なお、この勘定の投資計画は、次のとおりである（「財政投融資計画の説明」参照）。

	5年度(百万円)	4年度(百万円)
出　資　金		
株式会社日本政策金融公庫	28,800	18,900
沖縄振興開発金融公庫	7,000	2,600
株式会社国際協力銀行	90,000	85,000
独立行政法人鉄道建設・運輸施設整備支援機構	1,200	3,100
独立行政法人エネルギー・金属鉱物資源機構	139,200	54,600
株式会社脱炭素化支援機構	40,000	20,000
株式会社日本政策投資銀行	40,000	50,000
株式会社海外需要開拓支援機構	8,000	9,000
株式会社海外交通・都市開発事業支援機構	51,200	58,000
株式会社海外通信・放送・郵便事業支援機構	24,400	25,000
計	429,800	326,200

（注）　「産業競争力強化法」(平25法98)第112条第1項の規定により、株式会社産業革新投資機構が、同法第2条第27項に規定する特定政府出資会社の政府が保有する株式の全部を譲り受けたときにおいて、当該特定政府出資会社の上記出資金の計画額のうち出資するに至っていない金額がある場合には、この金額は、株式会社産業革新投資機構に承継されるものとする。

（3）　特定国有財産整備勘定

（歳　入）		
国有財産売払収入	13,282	13,976
雑　収　入	79	100
前年度剰余金受入	56,683	39,470
計	70,044	53,546
（歳　出）		
特定国有財産整備費	18,547	22,066
事 務 取 扱 費	587	457
予 備 費	10	10
計	19,144	22,533

6　エネルギー対策特別会計

　この会計は、エネルギー需給勘定、電源開発促進勘定及び原子力損害賠償支援勘定に区分され、燃料安定供給対策、エネルギー需給構造高度化対策、電源立地対策、電源利用対策、原子力安全規制対策及び原子力損害賠償支援対策に関する経理を明確にするために設けられたものであり、それぞれの対策に要する費用の財源に充てる額は一般会計からの繰入れ、財政融資資金からの借入金等である。

　また、「脱炭素成長型経済構造への円滑な移行の推進に関する法律」(仮称)に基づき、カーボンプライシング導入の結果として得られる将来の財源を裏付けとした公債の発行により、脱炭素成長型経済構造への円滑な移行の推進に関する施策に要する費用(以下「脱炭素成長型経済構造移行費用(仮称)」という。)の財源に充てることとしている。

　5年度の主な内容は、次のとおりである。

（1）　エネルギー需給勘定

　（イ）　燃料安定供給対策

　　　石油・天然ガスの安定供給確保のため、必要な開発案件への支援、石油・天然ガスの探鉱及び地質構造の調査並びに石油・天然ガス開発関連技術の研究開発の効果的・効率的な推進のために必要な経費を計上しているほか、石油等の備蓄の着実な維持・管理に必要な経費を計上している。さらに、開発・精製分野を中心とした産油・産ガス・産炭国との共同研究、人的交流、投資促進事業など、我が国の強みを活かした資源外交の展開等の施策に要する経費を計上している。

　　　また、国内石油精製機能の強化等による石油供給構造の高度化や、石油製品販売業等における安全確保対策、石油製品需給適正化調査等の施策に必要な経費を計上している。

　（ロ）　エネルギー需給構造高度化対策

　　　内外の経済的、社会的環境に応じた安定的かつ適切なエネルギーの需給構造の構築

を図るため、再生可能エネルギーの利用拡大のための技術開発に要する経費及び省エネルギー設備等の導入支援に要する経費等を計上している。

また、脱炭素成長型経済構造移行費用（仮称）として、革新的技術の早期確立・社会実装に要する経費等を計上している。

（２） 電源開発促進勘定

電源立地対策、電源利用対策及び原子力安全規制対策を実施することとしており、それぞれの対策については、電源開発促進税収の375分の161を基礎として算出した電源立地対策に係る繰入相当額、375分の146を基礎として算出した電源利用対策に係る繰入相当額及び375分の68を基礎として算出した原子力安全規制対策に係る繰入相当額のうち、必要額を一般会計から繰り入れることとしている。

また、脱炭素成長型経済構造移行費用（仮称）の財源に充てる額はエネルギー需給勘定から繰り入れることとしている。

（イ） 電源立地対策

発電用施設（原子力発電施設、水力発電施設、地熱発電施設、核燃料サイクル施設等）の設置及び運転の円滑化のため、同施設の所在市町村等に対し、公共用施設の整備、住民の生活の利便性の向上、産業の振興等を図る経費に充てるための交付金を交付することとしている。

また、「原子力災害からの福島復興の加速のための基本指針について」（28年12月20日閣議決定）を踏まえ、中間貯蔵施設費用相当分について原子力損害賠償・廃炉等支援機構へ資金交付を行うこととしている。

（ロ） 電源利用対策

安定的な電力供給源であり、かつ、地球環境面の負荷が低い電源の開発及び利用の促進を図るため、これらの電源を効果的に活用する利用技術、原子力発電所の安全性向上等のための研究開発に要する経費を計上しているほか、核燃料物質の再処理並びに放射性廃棄物の処理及び処分、これらに

関する研究開発及び事故対応・安全対策に要する経費として、国立研究開発法人日本原子力研究開発機構に対する運営費交付金等を計上している。

また、脱炭素成長型経済構造移行費用（仮称）として、高速炉・高温ガス炉の実証炉に係る研究開発に要する経費を計上している。

（ハ） 原子力安全規制対策

原子力発電施設等（原子力発電施設、核燃料サイクル施設等）の安全規制の措置を適正に実施するための審査・検査等及び原子力発電施設等の安全性に関する調査研究に要する経費を計上しているほか、原子力発電施設等の周辺地域の安全を確保するための防災体制の強化、原子力事故による被災者の健康管理・健康調査等に要する経費等を計上している。

（３） 原子力損害賠償支援勘定

「原子力損害賠償・廃炉等支援機構法」（平23法94）に基づき、東日本大震災による原子力損害の賠償の迅速かつ適切な実施等に対応するための財政上の措置に必要な経費を計上している。

この会計の歳入歳出予算の大要は、次のとおりである。

	5年度(百万円)	4年度(百万円)
（１） エネルギー需給勘定		
（歳　　入）		
一般会計より受入	515,836	(539,544) 736,419
脱炭素成長型経済構造移行公債金	506,149	—
石油証券及び借入金収入	1,537,500	1,498,700
備蓄石油売払代	29,061	20,378
独立行政法人エネルギー・金属鉱物資源機構納付金収入	2,480	—
国立研究開発法人新エネルギー・産業技術総合開発機構納付金収入	9,867	—
雑　　収　　入	14,791	27,626

項目			
前年度剰余金受入	171,461	(150,521)	211,721
計	2,787,144	(2,236,769)	2,494,844
（歳　出）			
燃料安定供給対策費	279,790	(244,280)	303,229
エネルギー需給構造高度化対策費	316,151	(328,609)	520,735
脱炭素成長型経済構造移行推進対策費	493,054		—
国立研究開発法人新エネルギー・産業技術総合開発機構運営費	138,389		142,231
独立行政法人エネルギー・金属鉱物資源機構運営費	26,601		17,298
独立行政法人エネルギー・金属鉱物資源機構出資	48,555	(38,800)	45,800
事務取扱費	7,443		7,718
脱炭素成長型経済構造移行推進電源開発促進勘定へ繰入	12,345		—
諸支出金	0		0
融通証券等事務取扱費一般会計へ繰入	0		0
脱炭素成長型経済構造移行推進公債事務取扱費一般会計へ繰入	143		—
国債整理基金特別会計へ繰入	1,461,056		1,454,822
脱炭素成長型経済構造移行推進国債整理基金特別会計へ繰入	607		—
予備費	3,010		3,010
計	2,787,144	(2,236,769)	2,494,844

（2）　電源開発促進勘定

（歳　入）

項目			
電源立地対策財源一般会計より受入	148,084		143,302
電源利用対策財源一般会計より受入	105,165	(108,728)	123,809
原子力安全規制対策財源一般会計より受入	42,032	(41,917)	46,229
脱炭素成長型経済構造移行推進エネルギー需給勘定より受入	12,345		—
国立研究開発法人新エネルギー・産業技術総合開発機構納付金収入	45		—
雑収入	1,345		985
前年度剰余金受入	25,441		27,504
計	334,458	(322,436)	341,829
（歳　出）			
電源立地対策費	162,234		159,384
電源利用対策費	12,877	(16,553)	16,823
脱炭素成長型経済構造移行推進対策費	12,345		—
原子力安全規制対策費	26,658	(26,507)	29,405
国立研究開発法人日本原子力研究開発機構運営費	93,448	(93,358)	94,961
国立研究開発法人日本原子力研究開発機構施設整備費	285	(285)	13,494
事務取扱費	26,101	(25,839)	27,252
諸支出金	0		0
予備費	510		510
計	334,458	(322,436)	341,829

（3）　原子力損害賠償支援勘定

（歳　入）

項目		
原子力損害賠償支援資金より受入	4,585	4,647
原子力損害賠償支援証券及借入金収入	10,933,100	11,211,900
原子力損害賠償・廃炉等支援機構納付金収入	0	0
雑収入	1	1
前年度剰余金受入	161	272
計	10,937,847	11,216,819
（歳　出）		
事務取扱費	1	1

国債整理基金特別会計へ繰入	10,937,846	11,216,818
計	10,937,847	11,216,819

7　労働保険特別会計

　この会計は、「労働者災害補償保険法」(昭22法50)による労働者災害補償保険事業及び「雇用保険法」(昭49法116)による雇用保険事業に関する経理を行うために設けられたもので、労災勘定、雇用勘定及び徴収勘定の3勘定より成っている。

　5年度の主な内容は、次のとおりである。

（1）　労災勘定においては、労働者災害補償保険事業に要する費用の一部として、一般会計から7百万円を受け入れることとしている。

　保険給付費については、4年度における実績を基礎として算定し、所要の額を計上している。

　社会復帰促進等事業費については、個々の事業の精査を行い、所要の額を計上している。

（2）　雇用勘定においては、失業等給付の支給に要する費用として1,256,113百万円(うち一般会計からの繰入18,147百万円)を、育児休業給付の支給に要する費用として762,469百万円(うち一般会計からの繰入9,531百万円)を計上している。また、失業等給付及び育児休業給付の事務に要する経費に充てるため、一般会計から825百万円を受け入れることとしている。

　就職支援法事業については、雇用保険を受給できない者に対し、職業訓練を行うとともに訓練期間中の生活支援のための給付等に要する費用として、事務費を除き23,363百万円(うち一般会計からの繰入6,425百万円)を計上している。

　雇用安定事業等については、賃上げを伴う企業間・産業間の労働移動円滑化、主体的に学び直しを行う在職者や求職者等への直接支援、労働者のリスキリングへの支援等について所要の額を計上している。

（3）　徴収勘定においては、労災勘定及び雇用勘定への繰入れ並びに労働保険料等の徴収に必要となる経費を計上している。

　この会計の歳入歳出予算の大要は、次のとおりである。

	5年度(百万円)	4年度(百万円)
（1）労災勘定		
（歳入）		
他勘定より受入	916,491	862,115
一般会計より受入	7	8
未経過保険料受入	23,765	21,996
支払備金受入	162,314	167,242
運用収入	98,029	101,231
雑収入	22,588	22,202
独立行政法人労働政策研究・研修機構納付金	—	28
計	1,223,193	1,174,823
（歳出）		
労働安全衛生対策費	25,690	(27,172) 28,236
保険給付費	756,740	764,558
職務上年金給付費年金特別会計へ繰入	5,711	6,041
職務上年金給付費等交付金	4,671	5,014
社会復帰促進等事業費	125,512	137,744
独立行政法人労働者健康安全機構運営費	11,233	11,221
独立行政法人労働者健康安全機構施設整備費	1,332	1,825
仕事生活調和推進費	10,684	(10,900) 13,701
中小企業退職金共済等事業費	1,480	1,560
独立行政法人労働政策研究・研修機構運営費	126	126
個別労働紛争対策費	1,817	1,975
業務取扱費	71,426	64,617
施設整備費	1,175	1,273
保険料返還金等徴収勘定へ繰入	45,421	37,722
予備費	6,200	6,300
計	1,069,218	(1,078,048) 1,081,913
（2）雇用勘定		
（歳入）		
他勘定より受入	3,080,707	2,246,983

一般会計より受入	34,927	(55,541) 786,964
積立金より受入	461,022	(1,264,402) 1,119,525
運用収入	1	5
独立行政法人勤労者退職金共済機構納付金	955	—
独立行政法人高齢・障害・求職者雇用支援機構納付金	38,074	9
独立行政法人労働政策研究・研修機構納付金	—	364
雑収入	33,125	26,359
前年度国庫負担金受入超過額受入	—	(—) 313,073
計	3,648,810	(3,593,661) 4,493,282

（歳出）

労使関係安定形成促進費	369	369
男女均等雇用対策費	14,701	(15,573) 15,812
中小企業退職金共済等事業費	5,866	5,924
独立行政法人勤労者退職金共済機構運営費	28	29
個別労働紛争対策費	1,933	1,975
職業紹介事業等実施費	89,044	80,306
地域雇用機会創出等対策費	765,120	(763,690) 899,561
高齢者等雇用安定・促進費	202,888	(210,360) 246,318
失業等給付費	1,256,113	1,379,554
育児休業給付費	762,469	729,995
就職支援法事業費	24,283	25,337
職業能力開発強化費	60,013	60,779
若年者等職業能力開発支援費	3,404	3,359
独立行政法人高齢・障害・求職者雇用支援機構運営費	69,949	65,149
独立行政法人高齢・障害・求職者雇用支援機構施設整備費	4,707	2,000
障害者職業能力開発支援費	1,579	1,634
技能継承・振興推進費	3,828	3,617
独立行政法人労働政策研究・研修機構運営費	1,664	1,574
業務取扱費	132,739	119,754
施設整備費	3,750	3,842
育児休業給付資金へ繰入	21,562	37,486
保険料返還金等徴収勘定へ繰入	25,256	26,302
国債整理基金特別会計へ繰入	374	52
予備費	56,000	55,000
計	3,507,640	(3,593,661) 3,765,729

（3）徴収勘定

（歳入）

保険料収入	3,994,836	3,107,259
印紙収入	197	189
一般会計より受入	229	231
一般拠出金収入	4,149	4,042
他勘定より受入	70,677	64,025
雑収入	1,816	1,651
前年度剰余金受入	7,767	9,185
計	4,079,671	3,186,583

（歳出）

業務取扱費	36,827	35,940
保険給付費等財源労災勘定へ繰入	916,491	862,115
失業等給付費等財源雇用勘定へ繰入	3,080,707	2,246,983
諸支出金	45,546	41,445
予備費	100	100
計	4,079,671	3,186,583

8　年金特別会計

この会計は、「国民年金法」（昭34法141）、「厚生年金保険法」（昭29法115）及び「健康保険法」（大11法70）に基づく年金給付及び全国健康保険協会管掌健康保険の被保険者の保険料等に関する経理並びに「児童手当法」（昭46法73）等に基づく児童手当等及び「子ども・子育て支援法」（平24法65）に基づく子どものための教育・保育給付等に関する経理を明確にするために設けられたものである。

　5年度の主な内容は、次のとおりである。

（1）　基礎年金勘定においては、歳出では、基

礎年金給付費としての所要額、国民年金勘定、厚生年金勘定及び共済組合等の支出する基礎年金相当給付費の財源に充てるための繰入額等を計上している。歳入では、基礎年金給付等に要する費用の財源として国民年金勘定、厚生年金勘定や共済組合等からの所要の拠出金等による収入を見込んでいる。

（2）　国民年金勘定においては、歳出では、基礎年金勘定への繰入額及び「特定障害者に対する特別障害給付金の支給に関する法律」（平16法166）に基づく特別障害給付金の支給に必要な所要額等を計上し、歳入では、保険料収入や積立金からの受入れ等を見込むとともに、1,994,984百万円を一般会計から受け入れることとしている。

（3）　厚生年金勘定においては、歳出では、基礎年金勘定への繰入額等を計上し、歳入では、保険料収入や積立金からの受入れ等を見込むとともに、10,484,349百万円を一般会計から受け入れることとしている。

　　　なお、27年度（10月）から、被用者年金制度が一元化されたことにより、歳出では、実施機関（共済組合等）の支出する厚生年金保険給付費等の財源に充てるための交付金を計上し、歳入では、厚生年金保険給付費等に要する費用の財源として実施機関からの所要の拠出金による収入を見込んでいる。

（4）　健康勘定においては、歳出では、全国健康保険協会への保険料等交付金等を計上し、歳入では、保険料収入等を見込むとともに、一般会計から所要の財源として、5,748百万円を受け入れることとしている。

（5）　子ども・子育て支援勘定においては、歳出では、児童手当の支給に必要な所要額を計上するとともに、子ども・子育て支援新制度における子どものための教育・保育給付に要する費用の地方公共団体に対する交付金の交付等を実施するための子ども・子育て支援推進費や、企業主導型保育事業等を実施するための仕事・子育て両立支援事業費等を計上している。

　　　歳入では、事業主拠出金収入等を見込むと

ともに、一般会計から所要の財源として、2,503,337百万円を受け入れることとしている。

（6）　業務勘定においては、業務の取扱い等に必要な経費（日本年金機構に対する運営費を含む。）を計上している。

　この会計の歳入歳出予算の大要は、次のとおりである。

	5年度(百万円)	4年度(百万円)
（1）　基礎年金勘定		
（歳　入）		
拠出金等収入	26,257,761	25,553,795
運用収入	282	358
積立金より受入	2,586,115	2,102,821
雑収入	10,824	11,125
計	28,854,982	27,668,099
（歳　出）		
基礎年金給付費	28,372,593	27,109,284
基礎年金相当給付費他勘定へ繰入及び交付金	368,561	450,161
諸支出金	828	654
予備費	113,000	108,000
計	28,854,982	27,668,099
（2）　国民年金勘定		
（歳　入）		
保険料収入	1,133,269	1,147,776
一般会計より受入	1,994,984	1,911,399
基礎年金勘定より受入	133,501	160,533
運用収入	1	1
積立金より受入	418,289	361,196
年金積立金管理運用独立行政法人納付金	242,804	227,610
独立行政法人福祉医療機構納付金	2,148	2,528
雑収入	782	801
前年度剰余金受入	26	23
計	3,925,804	3,811,867
（歳　出）		
特別障害給付金給付費	2,440	2,515
福祉年金給付費	9	9
国民年金給付費	289,350	320,807
基礎年金給付費等基礎年金勘定へ繰入	3,507,742	3,360,494

項目		
年金相談事業費等業務勘定へ繰入	64,645	66,421
諸支出金	60,418	60,322
予備費	1,200	1,300
計	3,925,804	3,811,867

（3）厚生年金勘定

（歳入）

項目		
保険料収入	33,995,629	32,607,890
一般会計より受入	10,484,349	10,246,797
労働保険特別会計より受入	5,711	6,041
基礎年金勘定より受入	179,940	220,468
存続厚生年金基金等徴収金	1,005	977
解散厚生年金基金等徴収金	48,098	114,111
実施機関拠出金収入	4,427,021	4,493,526
存続組合等納付金	37,414	48,238
運用収入	19	19
積立金より受入	675,058	878,933
年金積立金管理運用独立行政法人納付金	496,000	662,400
独立行政法人福祉医療機構納付金	38,876	45,745
雑収入	19,612	12,992
計	50,408,732	49,338,138

（歳出）

項目		
保険給付費	24,987,625	24,431,960
実施機関保険給付費等交付金	4,755,919	4,764,683
基礎年金給付費等基礎年金勘定へ繰入	20,325,185	19,803,492
年金相談事業費等業務勘定へ繰入	223,684	192,387
諸支出金	18,320	49,615
予備費	98,000	96,000
計	50,408,732	49,338,138

（4）健康勘定

（歳入）

項目		
保険料収入	11,049,619	10,926,636
一般会計より受入	5,748	5,787
日雇拠出金収入	175	292
運用収入	0	0
業務勘定より受入	60	70
借入金	1,440,920	1,446,630
雑収入	0	2
前年度剰余金受入	18,370	21,007
計	12,514,890	12,400,423

（歳出）

項目		
保険料等交付金	11,023,401	10,910,269
業務取扱費等業務勘定へ繰入	40,474	32,322
諸支出金	4,348	5,416
国債整理基金特別会計へ繰入	1,446,668	1,452,416
計	12,514,890	12,400,423

（5）子ども・子育て支援勘定

（歳入）

項目		
事業主拠出金収入	680,831	651,989
一般会計より受入	2,503,337	(2,492,016) 2,564,326
積立金より受入	84,642	(63,731) 91,297
雑収入	7,583	6,748
前年度剰余金受入	68,289	(59,339) 93,023
計	3,344,681	(3,273,823) 3,407,382

（歳出）

項目		
児童手当等交付金	1,219,879	1,258,773
子ども・子育て支援推進費	1,700,841	(1,626,519) 1,730,343
地域子ども・子育て支援及仕事・子育て両立支援事業費	411,080	(370,115) 399,819
業務取扱費	4,063	(10,699) 10,730
諸支出金	417	217
予備費	8,400	7,500
計	3,344,681	(3,273,823) 3,407,382

（6）業務勘定

（歳入）

項目		
一般会計より受入	107,342	(107,547) 107,536
他勘定より受入	330,545	292,889
特別保健福祉事業資金より受入	40	18
独立行政法人福祉医療機構納付金	49	58

雑　　収　　入	5,751	9,662
前年度剰余金受入	12,986	8,988
計	456,714	(419,161) 419,150

（歳　　出）

業 務 取 扱 費	41,434	(40,941) 40,930
社会保険オンラインシステム費	103,220	67,089
日本年金機構運営費	311,948	311,029
独立行政法人福祉医療機構納付金等相当財源健康勘定へ繰入	60	72
一般会計へ繰入	40	18
予 　備 　費	12	12
計	456,714	(419,161) 419,150

9　食料安定供給特別会計

　この会計は、「農業の担い手に対する経営安定のための交付金の交付に関する法律」(平18法88)に基づく交付金を交付する農業経営安定事業、「主要食糧の需給及び価格の安定に関する法律」(平6法113)及び「飼料需給安定法」(昭27法356)に基づく米麦等の買入れ、売渡し等を行う食糧の需給及び価格の安定のために行う事業、「農業保険法」(昭22法185)に基づく農作物、家畜、果樹、畑作物及び園芸施設共済並びに農業経営収入保険に係る国の再保険事業等、「漁船損害等補償法」(昭27法28)に基づく漁船保険、漁船船主責任保険及び漁船積荷保険に係る国の再保険事業並びに「漁業災害補償法」(昭39法158)に基づく漁獲、養殖、特定養殖及び漁業施設共済に係る国の保険事業に関する経理を明確にするために設けられたものである。

　なお、「土地改良法」(昭24法195)に基づく国営土地改良事業、土地改良関係受託工事等に関する経理を行うため設けられた国営土地改良事業特別会計が20年度より一般会計に統合されたことに伴い、10年度以前に事業費の一部について借入金をもって財源とすることで新規着工した地区のうち19年度末までに工事が完了しなかった地区における事業(以下「未完了借入事業」という。)について、当該事業が完了す

るまでの間、借入金をもってその財源とすることができるよう、20年度から未完了借入事業の工事の全部が完了する年度までの間の経過措置として国営土地改良事業勘定が設けられている。

　5年度の主な内容は、次のとおりである。

（1）　農業経営安定勘定においては、「農業の担い手に対する経営安定のための交付金の交付に関する法律」(平18法88)に基づく交付金の交付のために必要な経費を計上している。

（2）　食糧管理勘定においては、歳入として、米麦等の買入代金の財源に充てるため食糧証券収入361,466百万円等を計上しており、歳出として、国内米の備蓄に伴う買入れ及び売渡し、輸入米等及び輸入小麦等の買入れ、売渡し等に必要な経費を計上している。国内米については買入数量208千トン、売却数量208千トン、輸入米等については買入数量774千トン、売却数量824千トン、輸入小麦等については買入数量4,876千トン、売却数量4,876千トンと見込んでいる。買入価格及び米等の売渡価格については、最近の価格動向等を勘案して算定した価格で計上しており、輸入小麦等の売渡価格については、5年4月1日以降に見込まれる価格等で計上している。輸入飼料については小麦350千トン及び大麦100千トンの売却並びにこれに必要な買入れを予定している。さらに、農業経営安定事業に要する経費に充てるため農業経営安定勘定への繰入れに必要な経費を計上している。

（3）　農業再保険勘定においては、最近における共済金額の趨勢等を考慮して、農作物、家畜、果樹、畑作物及び園芸施設共済並びに農業経営収入保険の再保険金の支払に必要な経費等を計上している。

（4）　漁船再保険勘定においては、最近における保険金額の趨勢等を考慮して、漁船保険、漁船船主責任保険及び漁船積荷保険の再保険金の支払に必要な経費等を計上している。

（5）　漁業共済保険勘定においては、最近における共済金額の趨勢等を考慮して、保険金の

支払に必要な経費等を計上している。

（6） 業務勘定においては、農業経営安定勘定、食糧管理勘定、農業再保険勘定、漁船再保険勘定及び漁業共済保険勘定における事務取扱い等に必要な経費を計上している。

（7） 国営土地改良事業勘定においては、かんがい排水事業3地区及び総合農地防災事業1地区の工事をそれぞれ施行するために必要な経費等を計上している。

なお、この勘定においては、財政融資資金の借入れ800百万円を予定している。

この会計の歳入歳出予算の大要は、次のとおりである。

	5年度(百万円)	4年度(百万円)
（1） 農業経営安定勘定		
（歳　入）		
食糧管理勘定より受入	91,300	124,186
一般会計より受入	110,476	106,091
独立行政法人農畜産業振興機構納付金	13,815	17,463
雑　収　入	0	0
前年度剰余金受入	35,833	26,638
計	251,424	274,378
（歳　出）		
農業経営安定事業費	251,260	274,212
事務取扱費業務勘定へ繰入	64	66
予　備　費	100	100
計	251,424	274,378
（2） 食糧管理勘定		
（歳　入）		
食　糧　売　払　代	622,162	(466,394) 457,439
輸入食糧納付金	452	434
一般会計より受入	131,000	(113,100) 160,100
食　糧　証　券　収　入	361,466	(323,760) 244,500
雑　収　入	11,601	11,861
前年度剰余金受入	—	(—) 14,928
計	1,126,681	(915,549) 889,262
（歳　出）		

	5年度(百万円)	4年度(百万円)
食　糧　買　入　費	654,750	453,268
食　糧　管　理　費	36,763	37,711
交付金等他勘定へ繰入	104,451	(135,043) 134,119
融通証券等事務取扱費一般会計へ繰入	0	0
国債整理基金特別会計へ繰入	245,717	(204,528) 179,164
予　備　費	85,000	85,000
計	1,126,681	(915,549) 889,262
（3） 農業再保険勘定		
（歳　入）		
農業再保険収入	64,793	(73,914) 73,908
再　保　険　料	795	948
一般会計より受入	50,509	(63,767) 63,762
前年度繰越資金受入	13,489	9,198
積立金より受入	39,617	19,066
雑　収　入	1	2
計	104,411	(92,981) 92,975
（歳　出）		
農業再保険費及交付金	85,330	73,611
事務取扱費業務勘定へ繰入	874	(924) 918
予　備　費	18,000	18,000
計	104,204	(92,535) 92,529
（4） 漁船再保険勘定		
（歳　入）		
漁船再保険収入	7,882	(8,000) 7,993
再　保　険　料	0	0
一般会計より受入	6,943	(7,031) 7,023
前年度繰越資金受入	939	969
積立金より受入	100	100
雑　収　入	0	0
計	7,982	(8,100) 8,093
（歳　出）		
漁船再保険費及交付金	6,266	6,583
事務取扱費業務勘定へ繰入	559	(477) 469
予　備　費	100	100

計	6,925	(7,160) 7,152

（5）　漁業共済保険勘定

（歳　入）

漁業共済保険収入	14,610	(12,739) 12,732
保　険　料	0	0
一般会計より受入	12,044	(10,587) 10,580
前年度繰越資金受入	2,566	2,152
雑　収　入	0	0
借　入　金	—	11,700
計	14,610	(24,439) 24,432

（歳　出）

漁業共済保険費及交付金	10,328	22,795
事務取扱費業務勘定へ繰入	116	(115) 108
国債整理基金特別会計へ繰入	2,340	1,170
予　備　費	100	100
計	12,884	(24,181) 24,173

（6）　業　務　勘　定

（歳　入）

他勘定より受入	14,765	(12,438) 11,493
雑　収　入	0	(1) 897
計	14,765	(12,438) 12,390

（歳　出）

事　務　取　扱　費	14,565	(12,238) 12,190
予　備　費	200	200
計	14,765	(12,438) 12,390

（7）　国営土地改良事業勘定

（歳　入）

一般会計より受入	4,514	(5,911) 5,835
土地改良事業費負担金収入	5,659	7,518
借　入　金	800	800
雑　収　入	134	119
前年度剰余金受入	23	23
計	11,130	(14,371) 14,294

（歳　出）

土地改良事業費	4,654	6,228
土地改良事業工事諸費	775	(900) 824
土地改良事業費負担金等収入一般会計へ繰入	1,481	1,421
東日本大震災復興土地改良事業費負担金等収入一般会計へ繰入	1	0
東日本大震災復興土地改良事業費負担金等収入東日本大震災復興特別会計へ繰入	26	1
国債整理基金特別会計へ繰入	3,993	5,621
予　備　費	200	200
計	11,130	(14,371) 14,294

10　国有林野事業債務管理特別会計

　この会計は、旧国有林野事業特別会計から承継した借入金に係る債務の処理に関する経理を明確にするため、この債務の処理が終了する年度までの間に限って設けられたものである。

　この会計の歳入歳出予算の大要は、次のとおりである。

	5年度(百万円)	4年度(百万円)

（歳　入）

一般会計より受入	29,114	(19,949) 18,772
借　入　金	314,900	334,700
計	344,014	(354,649) 353,472

（歳　出）

国債整理基金特別会計へ繰入	344,014	(354,649) 353,472

（注）　5年度の借入金314,900百万円は、「特別会計に関する法律」(平19法23)附則第206条の6の規定に基づき、5年度中に償還期限の到来する借入金の借換えに係る借入見込額であり、借入金債務残高が増加するものではない。

11　特　許　特　別　会　計

　この会計は、特許等工業所有権に関する事務の遂行に資するとともに、その経理を明確にするために設けられたものである。

（1）　歳入については、出願人からの特許出願、審査請求等の特許料等収入の見込額を計上しているほか、前年度剰余金受入等を計上

している。

（2）　歳出については、工業所有権に関する情報提供及び人材育成支援等を行う独立行政法人工業所有権情報・研修館に対する運営費交付金を計上しているほか、特許行政運営に必要な人件費及び事務費、特許等工業所有権に関する審査審判等の処理促進に必要な経費、特許事務システムの開発及び運営に必要な経費、特許庁庁舎の施設整備に伴う工事等を行うために必要な経費等を計上している。

この会計の歳入歳出予算の大要は、次のとおりである。

	5年度(百万円)	4年度(百万円)
（歳　　入）		
特許印紙収入	3,241	82,543
特許料等収入	148,203	66,086
一般会計より受入	1,845	18
雑　　収　　入	214	253
前年度剰余金受入	64,639	40,875
計	218,142	189,775
（歳　　出）		
独立行政法人工業所有権情報・研修館運営費	10,561	10,762
事　務　取　扱　費	134,229	132,834
施　設　整　備　費	432	10,289
予　　備　　費	200	200
計	145,421	154,085

12　自動車安全特別会計

この会計は、「自動車損害賠償保障法」(昭30法97)に基づく自動車事故対策事業等及び「道路運送車両法」(昭26法185)に基づく自動車の検査、登録等の事務に関する国の経理を明確にするために設けられたものである。

なお、「自動車損害賠償保障法及び特別会計に関する法律の一部を改正する法律」(令4法65)に基づき、5年度より、自動車事故対策勘定を廃止し、保障勘定の名称を自動車事故対策勘定に改めるとともに、廃止する自動車事故対策勘定の4年度末における権利義務を、保障勘定の名称を改める自動車事故対策勘定に帰属させることとしている。

また、「特別会計に関する法律等の一部を改正する等の法律」(平25法76)に基づく社会資本整備事業特別会計の廃止に伴い、空港整備事業等に関する経理を26年度から借入金償還完了年度の末日までの間、空港整備勘定において行うこととしている。

5年度の主な内容は、次のとおりであるが、自動車事故対策勘定において、「平成6年度における財政運営のための国債整理基金に充てるべき資金の繰入れの特例等に関する法律」(平6法43)等に基づき、同法等に規定する運用収入に相当する額の一部について、一般会計から5,950百万円を受け入れることとしている。

（1）　自動車事故対策勘定

（イ）　自動車事故対策として事故相談事業等を実施する者に対し、9,706百万円の補助金等を計上している。

（ロ）　自動車運転者に対する適性診断、自動車事故の被害者に対する資金の貸付け、重度後遺障害者の治療及び養護を行う施設の運営等を行う独立行政法人自動車事故対策機構に対する運営費交付金及び施設整備費補助金を計上している。

（ハ）　ひき逃げ及び無保険車による事故の被害者の損害をてん補するため、1,044百万円の自動車損害賠償保障金を計上している。

（ニ）　15年3月31日までに引き受けた再保険等に対する保険金の支払のため、149百万円の再保険金等を計上している。

（2）　自動車検査登録勘定

（イ）　5年度検査関係業務件数を26,603千件、5年度登録関係業務件数を37,518千件と見込んでいる。

（ロ）　自動車の検査、登録等の際に、自動車重量税の納付の確認等の事務を行うため、当該事務の実施に要する経費の財源を一般会計から受け入れることとしている。

（ハ）　自動車等が保安基準に適合するかどうかの審査、リコールの技術的な検証及び自動車の登録に係る事実の確認をするために必要な調査を行う独立行政法人自動車技術総合機構に対する運営費交付金及び施設整

備費補助金を計上している。

（ニ）　自動車の保有に伴い必要となる各種の行政手続について、国民負担の軽減及び行政事務の効率化を図る観点から、デジタル化を進めることとしている。

（3）　空港整備勘定

（イ）　歳入については、空港使用料収入のほか、空港整備事業に係る施設の整備に要する資金の一部に充てるため、財政融資資金の借入れ118,500百万円を予定している。また、航空機燃料税収入の空港整備事業に要する経費の財源に充てるための一般会計からの受入27,348百万円、直轄事業に係る地方公共団体の負担金収入等を計上している。

（ロ）　歳出については、首都圏空港の国際競争力強化のため、東京国際空港（羽田）の機能拡充に必要な事業等を重点的に実施するとともに、福岡空港においては、引き続き、滑走路増設事業を実施することとしている。また、厳しい経営環境の中でも空港機能の確保に必要な施設等の整備が円滑に行われるよう空港運営事業者等に対する無利子貸付を実施することとしている。

この会計の歳入歳出予算の大要は、次のとおりである。

	5年度(百万円)	4年度(百万円)
（1）自動車事故対策勘定		
（歳入）		
賦課金収入	8,517	1,379
積立金より受入	5,284	7,912
一般会計より受入	5,950	(5,400) 6,649
償還金収入	403	449
雑収入	1,249	1,533
前年度剰余金受入	61,575	61,020
独立行政法人自動車事故対策機構納付金収入	—	111
計	82,978	(77,805) 79,054
（歳出）		
被害者保護増進等事業費	9,706	(6,243) 7,452
独立行政法人自動車事故対策機構運営費	9,398	(7,638) 7,679
独立行政法人自動車事故対策機構施設整備費	616	441
自動車損害賠償保障事業費	1,332	1,398
業務取扱費自動車検査登録勘定へ繰入	1,143	1,190
再保険及保険費	149	145
予備費	60	60
計	22,404	(17,115) 18,365
（2）自動車検査登録勘定		
（歳入）		
検査登録印紙収入	23,095	20,305
検査登録手数料収入	14,268	13,599
一般会計より受入	262	(275) 273
他勘定より受入	1,143	1,190
雑収入	127	456
前年度剰余金受入	6,888	16,885
計	45,781	(52,711) 52,709
（歳出）		
独立行政法人自動車技術総合機構運営費	2,109	2,532
独立行政法人自動車技術総合機構施設整備費	1,195	1,291
業務取扱費	36,264	(37,088) 37,086
施設整備費	1,553	1,292
予備費	150	150
計	41,272	(42,353) 42,351
（3）空港整備勘定		
（歳入）		
空港使用料収入	163,801	93,260
一般会計より受入	27,348	31,522
地方公共団体工事費負担金収入	8,325	7,622
借入金	118,500	164,500
償還金収入	9,095	9,095
受託工事納付金収入	192	36
空港等財産処分収入	60	4

	5年度	4年度
雑　　収　　入	53,201	42,891
前年度剰余金受入	12,246	39,407
計	392,770	388,337

（歳　　出）

	5年度	4年度
空港等維持運営費	146,948	149,431
空港整備事業費	129,744	118,776
北海道空港整備事業費	10,497	11,733
離島空港整備事業費	1,618	2,137
沖縄空港整備事業費	11,435	11,490
航空路整備事業費	27,343	28,772
空港整備事業資金貸付金	9,250	7,599
成田国際空港整備事業資金貸付金	12,000	15,400
北海道空港整備事業資金貸付金	6,039	5,828
地域公共交通維持・活性化推進費	1,506	1,473
空港等整備事業工事諸費	1,694	1,701
受　託　工　事　費	192	36
空港等災害復旧事業費	288	288
国債整理基金特別会計へ繰入	33,885	33,343
予　　備　　費	330	330
計	392,770	388,337

13　東日本大震災復興特別会計

　この会計は、東日本大震災からの復興に係る国の資金の流れの透明化を図るとともに復興債の償還を適切に管理するために24年度に設けられたものである。

　この会計の歳入歳出予算の大要は、次のとおりである。

	5年度(百万円)	4年度(百万円)
（歳　　入）		
復興特別所得税	442,000	(428,000) 462,400
一般会計より受入	29,795	(82,931) 148,264
特別会計より受入	26	1
復　興　公　債　金	99,800	(171,600) —

（右段につづく）

	5年度	4年度
公共事業費負担金収入	7	86
災害等廃棄物処理事業費負担金収入	153	67
雑　　収　　入	158,358	(158,589) 158,893
前年度剰余金受入	—	(—) 152,500
計	730,139	(841,274) 922,211

（歳　　出）

　歳出については、復興事業等を行うため、730,139百万円を計上している。

　なお、「復興庁設置法」（平23法125）に基づき、被災地の復興に係る経費については、復興庁の所管する予算として552,296百万円を一括計上している。

　5年度の主な内容は、次のとおりである。

（1）　災害救助等関係経費

5年度(百万円)	4年度(百万円)
3,598	4,038

①　災　害　救　助　費

5年度(百万円)	4年度(百万円)
666	708

　この経費は、「災害救助法」（昭22法118）に基づき、県が提供する応急仮設住宅の供与期間の延長に伴い必要となる、民間賃貸住宅を活用した仮設住宅の家賃の支払等に要する費用の負担に必要な経費である。

②　被災者緊急支援経費

5年度(百万円)	4年度(百万円)
2,932	3,330

　この経費は、東日本大震災により被災した児童生徒等の心のケア等を行うためのスクールカウンセラー等の活用等に必要な経費であって、その内訳は次のとおりである。

	5年度(百万円)	4年度(百万円)
復興特区支援利子補給金	494	641
災害援護貸付金等	62	79
緊急スクールカウンセラー等活用事業費	1,572	1,671

被災児童生徒就学支援等事業交付金　804　939

計　2,932　3,330

（2）復興関係公共事業等

	5年度(百万円)	4年度(百万円)
		(54,866)
	50,713	54,386

① 災害復旧等事業費

	5年度(百万円)	4年度(百万円)
	6,072	5,502

この経費は、東日本大震災により被害を受けた公共土木施設等の災害復旧等に必要な経費であって、その内訳は次のとおりである。

（イ）公共土木施設、農林水産業施設等の災害復旧事業費及び災害関連事業費

	5年度(百万円)	4年度(百万円)
	5,818	5,183

この経費は、公共土木施設、農業施設等の災害復旧事業及び災害関連事業に必要な経費である。

復旧については、その早期復旧を図るため、復旧進度に応じた必要な経費であって、その内訳は次のとおりである。

	災害復旧事業費(百万円)	災害関連事業費(百万円)	計(百万円)
農林水産省	765	28	793
国土交通省	5,025	—	5,025
計	5,790	28	5,818

（ロ）水道施設災害復旧事業費

	5年度(百万円)	4年度(百万円)
	254	277

この経費は、水道施設の災害復旧事業に必要な経費である。

（ハ）住宅施設災害復旧事業費

	5年度(百万円)	4年度(百万円)
	—	42

前年度限りの経費である。

② 一般公共事業関係費

	5年度(百万円)	4年度(百万円)
		(41,199)
	40,308	41,192

この経費は、東日本大震災からの復興事業として治山事業、住宅対策、農業農村整備事業、森林整備事業等を推進するために必要な経費であって、その内訳は次のとおりである。

（イ）治山治水対策事業費

	5年度(百万円)	4年度(百万円)
	462	628

この経費は、治水事業に係る負担金の還付及び治山事業に必要な経費であって、その内訳は次のとおりである。

	5年度(百万円)	4年度(百万円)
治水事業	2	—
治山事業	460	628
計	462	628

（ロ）道路整備事業費

	5年度(百万円)	4年度(百万円)
	3	—

この経費は、道路整備事業に係る負担金の還付に必要な経費である。

（ハ）港湾空港鉄道等整備事業費

	5年度(百万円)	4年度(百万円)
	277	9

この経費は、港湾整備事業に係る負担金の還付に必要な経費である。

（ニ）住宅都市環境整備事業費

	5年度(百万円)	4年度(百万円)
	21,910	22,133

この経費は、住宅対策に必要な経費である。

（ホ）公園水道廃棄物処理等施設整備費

	5年度(百万円)	4年度(百万円)
		(1,955)
	829	1,949

この経費は、廃棄物処理施設整備事業及び国営公園等事業に必要な経費であって、その内訳は次のとおりである。

	5年度(百万円)	4年度(百万円)
廃棄物処理施設整備事業	409	1,461
国営公園等事業（国営追悼・祈念施設）	420	(494) 488
計	829	(1,955) 1,949

（ヘ）農林水産基盤整備事業費

	5年度(百万円)	4年度(百万円)
	5,273	6,202

この経費は、農業農村整備事業、森林整備事業及び農山漁村地域整備事業に必要な経費であって、その内訳は次のとおりである。

	5年度(百万円)	4年度(百万円)
農業農村整備事業	610	951
森林整備事業	4,413	4,601
水産基盤整備事業	—	190
農山漁村地域整備事業	250	460
計	5,273	6,202

（ト）社会資本総合整備事業費

	5年度(百万円)	4年度(百万円)
	11,553	10,272

この経費は、社会資本総合整備事業に必要な経費である。

③ 施 設 費 等

	5年度(百万円)	4年度(百万円)
		(8,165)
	4,334	7,692

この経費は、広域的に生産から加工までが一体となった高付加価値生産等を展開する産地の拠点となる農業用施設の整備等に必要な経費であって、その内訳は次のとおりである。

	5年度(百万円)	4年度(百万円)
警察施設整備費	209	283
消防防災施設災害復旧費	—	58
私立学校施設災害復旧費	18	4
公立学校施設災害復旧費	13	31
保健衛生施設等災害復旧費	760	—
保健衛生施設等設備災害復旧費	11	—
社会福祉施設等災害復旧費	—	1,930
福島県高付加価値産地展開支援事業費	2,438	(4,962) 4,489
特用林産施設体制整備復興事業費	885	898

		(8,165)
計	4,334	7,692

（3）災害関連融資関係経費

	5年度(百万円)	4年度(百万円)
		(2,008)
	1,573	1,689

① 中小企業等関係費

	5年度(百万円)	4年度(百万円)
		(387)
	222	247

この経費は、東日本大震災による被災中小企業者の事業再建及び経営安定のための融資の実施に必要な経費であって、その内訳は次のとおりである。

	5年度(百万円)	4年度(百万円)
株式会社日本政策金融公庫出資金(財務省分)	140	(200) 60
株式会社日本政策金融公庫出資金(厚生労働省分)	22	7
株式会社日本政策金融公庫出資金(経済産業省分)	60	180
計	222	(387) 247

② 農林漁業者等関係費

	5年度(百万円)	4年度(百万円)
		(1,621)
	1,351	1,442

この経費は、東日本大震災による被災農林漁業者等の経営再建等のための融資の実施等に必要な経費であって、その内訳は次のとおりである。

	5年度(百万円)	4年度(百万円)
漁業経営維持安定資金利子補給等補助金	561	(641) 522
農業経営金融支援対策費補助金	497	(607) 573
漁業者等緊急保証対策事業費	154	(187) 162
漁業信用保険事業交付金	105	145
林業振興事業費補助金	27	32

	5年度	4年度
株式会社日本政策金融公庫補給金	7	(10) 8
計	1,351	(1,621) 1,442

（4） 地方交付税交付金

5年度(百万円)	4年度(百万円)
62,246	91,943

　この経費は、東日本大震災からの復興事業に係る地方負担等について震災復興特別交付税を措置する必要があるため、その措置に必要な地方交付税交付金財源を交付税及び譲与税配付金特別会計へ繰り入れるために必要な経費である。

（5） 原子力災害復興関係経費

5年度(百万円)	4年度(百万円)
416,157	(446,398) 402,517

① 除去土壌等の適正管理・原状回復等

5年度(百万円)	4年度(百万円)
272,614	(292,905) 264,623

　この経費は、「平成23年3月11日に発生した東北地方太平洋沖地震に伴う原子力発電所の事故により放出された放射性物質による環境の汚染への対処に関する特別措置法」（平23法110）等に基づき行う除去土壌等の適正管理・原状回復等に必要な経費であって、その内訳は次のとおりである。

	5年度(百万円)	4年度(百万円)
放射性物質対処型森林・林業再生総合対策事業費	3,734	3,618
中間貯蔵施設の整備等経費	178,646	(198,106) 193,940
放射性物質汚染廃棄物処理事業費	67,993	(58,776) 39,660
除去土壌等の適正管理・原状回復等の実施経費	16,929	27,087
その他	5,312	(5,317) 317
計	272,614	(292,905) 264,623

② 福島再生加速化交付金等

5年度(百万円)	4年度(百万円)
143,542	(153,494) 137,894

　この経費は、福島の再生を加速するため、特定復興再生拠点の整備、放射線不安を払拭する生活環境の向上、健康管理、産業再開に向けた環境整備等の施策の実施等に必要な経費であって、その内訳は次のとおりである。

	5年度(百万円)	4年度(百万円)
福島再生加速化交付金	60,179	(70,084) 55,601
福島生活環境整備・帰還再生加速事業費	8,012	8,819
特定復興再生拠点区域外除染等事業費	5,955	1,434
帰還困難区域の入域管理・被ばく管理等経費	4,761	(5,296) 4,996
原子力損害賠償紛争審査会の開催等経費	2,972	(3,012) 2,203
福島関連基礎・支援研究等（国立研究開発法人日本原子力研究開発機構運営費）	1,978	1,978
地域復興実用化開発等促進事業費	5,193	5,910
福島医薬品関連産業支援拠点化事業費	2,021	2,328
原子力災害による被災事業者の自立等支援事業費	1,631	2,970
特定復興再生拠点整備事業費	43,579	44,461
環境放射線測定等経費	1,657	1,498
放射性物質環境汚染状況監視等調査研究費	1,149	1,190
その他	4,453	(4,514) 4,507
計	143,542	(153,494) 137,894

（6） その他の東日本大震災関係経費

5年度(百万円)	4年度(百万円)
80,255	(71,643) 71,584

① 被災者生活再建支援金補助金

5 年度(百万円)	4 年度(百万円)
2,038	2,538

　この経費は、東日本大震災により住宅が全壊した世帯等に対し支給される被災者生活再建支援金に要する費用の補助に必要な経費である。

② 警察・消防活動経費等

5 年度(百万円)	4 年度(百万円)
262	308

　この経費は、東日本大震災により被害を受けた地域における警察活動及び緊急消防援助隊の活動に要する負担金等に必要な経費であって、その内訳は次のとおりである。

	5 年度(百万円)	4 年度(百万円)
警察活動経費	12	16
緊急消防援助隊活動費負担金等	250	217
消防防災設備災害復旧費補助金	—	75
計	262	308

③ 教育支援等

5 年度(百万円)	4 年度(百万円)
1,941	2,068

　この経費は、心のケアが必要な被災児童生徒に対する学習支援等に取り組むための教職員定数の措置、福島イノベーション・コースト構想を担う人材の育成基盤の構築等に必要な経費であって、その内訳は次のとおりである。

	5 年度(百万円)	4 年度(百万円)
義務教育費国庫負担金	1,226	1,320
福島イノベーション・コースト構想人材育成基盤構築事業費	435	435
被災私立大学等復興特別補助事業費	274	311
私立高等学校等経常費助成費補助金(教育活動復旧費)	6	1
計	1,941	2,068

④ 医療、介護、福祉等

5 年度(百万円)	4 年度(百万円)
7,453	8,213

（イ）　医療保険制度等の保険料減免等に対する特別措置

5 年度(百万円)	4 年度(百万円)
4,634	4,904

　この経費は、医療保険、介護保険、障害福祉サービス等において、東京電力福島第一原子力発電所の事故により設定された避難指示区域等に住所を有する被保険者等の保険料、一部負担金等の減免措置の延長に要する費用の補助に必要な経費であって、その内訳は次のとおりである。

	5 年度(百万円)	4 年度(百万円)
医療保険制度	3,640	3,790
介護保険制度	980	1,099
障害福祉サービス等	15	15
計	4,634	4,904

（ロ）　地域医療再生対策費

5 年度(百万円)	4 年度(百万円)
2,385	2,915

　この経費は、東京電力福島第一原子力発電所の事故により設定された避難指示区域等の復旧・復興を図るため、福島県が設置した基金に地域医療再生臨時特例交付金を交付することにより、医療提供体制の再構築を推進するために必要な経費である。

（ハ）　そ　の　他

5 年度(百万円)	4 年度(百万円)
434	393

　この経費の内訳は次のとおりである。

	5 年度(百万円)	4 年度(百万円)
被災地における福祉・介護人材確保事業費	151	151
介護サービス提供体制再生事業費	125	139
医療・介護保険料等の収納対策等支援事業費	100	—
障害福祉サービス再開支援事業費	57	103
計	434	393

⑤ 農林業関係

	5年度(百万円)	4年度(百万円)
		(4,592)
	5,326	4,569

この経費は、福島県の農林水産業の復興創生に向けたブランドの確立と産地競争力の強化、国内外の販売促進等、生産から流通・販売に至るまでの総合的な支援等に必要な経費であって、その内訳は次のとおりである。

	5年度(百万円)	4年度(百万円)
福島県農林水産業復興創生事業費	3,955	4,055
原子力被災12市町村農業者支援事業費	800	―
福島県高付加価値産地展開支援事業費	250	218
原子力災害被災12市町村の農地中間管理機構による農地の集積・集約化事業費	123	123
農畜産物放射性物質影響緩和対策事業費	96	90
そ の 他	101	(106) 83
計	5,326	(4,592) 4,569

⑥　水　産　業　関　係

	5年度(百万円)	4年度(百万円)
	5,882	5,636

この経費は、福島県をはじめとした被災地水産物の販路回復や販売促進、被災海域における種苗放流の取組への支援等に必要な経費であって、その内訳は次のとおりである。

	5年度(百万円)	4年度(百万円)
水産業復興販売加速化支援事業費	4,053	4,053
被災海域における種苗放流支援事業費	699	699
被災地次世代漁業人材確保支援事業費	698	381
漁場復旧対策支援事業費	296	296
漁船等復興対策事業費	137	208

計	5,882	5,636

⑦　中　小　企　業　対　策

	5年度(百万円)	4年度(百万円)
	3,504	3,309

この経費は、東日本大震災により被害を受けた中小企業等の支援のため、施設等の復旧・整備に要する費用に対し補助金を交付する県に対する補助及び二重ローン対策の窓口業務等に必要な経費であって、その内訳は次のとおりである。

	5年度(百万円)	4年度(百万円)
中小企業組合等共同施設等災害復旧費	2,708	2,246
中小企業再生支援事業費	588	612
独立行政法人中小企業基盤整備機構運営費	208	451
計	3,504	3,309

⑧　立　地　補　助　金

	5年度(百万円)	4年度(百万円)
	14,090	14,090

この経費は、福島県の避難指示区域等を対象に、雇用の創出、産業集積等を図り、今後の自立・帰還支援を加速するための企業立地補助に必要な経費である。

⑨　住　宅　関　係

	5年度(百万円)	4年度(百万円)
	10	13

この経費は、東日本大震災により被害を受けた者に対して行う東日本大震災復興関連事業円滑化支援事業に要する経費の民間団体等に対する一部補助に必要な経費である。

⑩　福島国際研究教育機構関連事業費

	5年度(百万円)	4年度(百万円)
	14,492	3,790

この経費は、創造的復興の中核拠点となる福島国際研究教育機構の運営費等の支援に必要な経費であって、その内訳は次のとおりである。

	5年度(百万円)	4年度(百万円)
福島国際研究教育機構出資金	100	―

	5年度(百万円)	4年度(百万円)
新産業創出等研究開発推進事業費補助金	14,104	—
その他	288	3,790
計	14,492	3,790

⑪ その他

	5年度(百万円)	4年度(百万円)
	25,258	(27,085) 27,049

上記の内訳は次のとおりである。

	5年度(百万円)	4年度(百万円)
被災者支援総合交付金	10,201	11,527
復興庁運営経費	5,147	(4,620) 4,478
風評払拭・リスクコミュニケーション強化事業等経費	1,044	1,013
「新しい東北」推進事業費	304	329
ハンズオン型ワンストップ土地活用推進事業費	104	133
東日本大震災教訓継承事業費	73	74
特定非営利活動法人等被災者支援事業費	106	117
情報通信基盤災害復旧事業費	52	83
被災地域情報化推進事業費	49	48
登記事務処理実施経費	76	(172) 158
被災ミュージアム再興事業費	210	245
原子力被災地域における映像・芸術文化支援事業費	330	—
放射線量測定指導・助言事業費	14	24
福島県における観光関連復興支援事業費	500	500
ブルーツーリズム推進支援事業費	270	270
地域公共交通確保維持改善事業費	117	116
除去土壌等の適正管理・原状回復等の実施、災害廃棄物及び放射性廃棄物等の処理に伴う体制の強化経費	5,811	(5,672) 5,791
環境モニタリング調査費	851	755
災害廃棄物処理事業費	—	1,388
計	25,258	(27,085) 27,049

（7）　国債整理基金特別会計への繰入等

5年度(百万円)	4年度(百万円)
15,597	(20,378) 246,054

　この経費は、復興債の利子の支払に必要な経費と、復興債の償還及び発行に関する諸費を国債整理基金特別会計へ繰り入れるもの等である。

（8）　復興加速化・福島再生予備費

5年度(百万円)	4年度(百万円)
100,000	(150,000) 50,000

　この経費は、東日本大震災に係る復旧及び復興に関連する経費の予見し難い予算の不足に充てるための予備費である。

第4　政 府 関 係 機 関

1　沖縄振興開発金融公庫

　この公庫は、沖縄における産業の開発を促進するため、長期資金を供給すること等により、一般の金融機関が行う金融及び民間の投資を補完し、又は奨励するとともに、沖縄の国民大衆、住宅を必要とする者、農林漁業者、中小企業者、病院その他の医療施設を開設する者、生活衛生関係の営業者等に対する資金で、一般の金融機関が供給することを困難とするものを供給し、もって沖縄における経済の振興及び社会の開発に資することを目的としている。

　5年度においては、新型コロナウイルス感染症等により厳しい状況にある中小企業等の資金繰り支援に引き続き万全を期すとともに、経営転換、事業再構築の取組、スタートアップ等や生産性向上に資する設備投資等を支援するほか、「沖縄振興特別措置法」(平14法14)等に基づく沖縄の自立的発展に向けた政策金融の取組を推進し、県内産業の育成、産業・社会基盤の整備、中小企業や小規模事業者等の経営基盤強化等を支援するための措置を講じることとし、貸付契約額として 229,500 百万円を予定しているほか、沖縄におけるリーディング産業の育成支援等のための出資 3,700 百万円を予定している。

　事業計画の内訳は、次のとおりである。

	5年度(百万円)	4年度(百万円)
貸　　　　　付	229,500	293,000
産業開発資金	100,000	77,000
中小企業等資金	100,000	171,000
住 宅 資 金	5,000	5,000
農林漁業資金	8,500	11,000
医療・生活衛生資金	16,000	29,000
出　　　　　資	3,700	2,100
合　　　　　計	233,200	295,100

　この計画のうち、5年度中に 178,750 百万円が貸し付けられ、3,700 百万円が出資される予定であり、これに 3 年度及び 4 年度の貸付契約額のうち、5 年度に資金交付が行われる予定となっている 62,368 百万円を加えると、5 年度の資金交付額は 244,818 百万円となる。この原資として、一般会計からの出資金 200 百万円、財政投融資特別会計投資勘定からの出資金 7,000 百万円、財政融資資金からの借入金 199,400 百万円、沖縄振興開発金融公庫債券の発行による収入 10,000 百万円等を予定している。

　資金計画は、次のとおりである。

	5年度(百万円)	4年度(百万円)
(資金調達)		
一般会計出資金	200	―
財政投融資特別会計投資勘定出資金	7,000	2,600
財政融資資金借入金	199,400	221,700
沖縄振興開発金融公庫債券	10,000	10,000
沖縄振興開発金融公庫住宅宅地債券	687	743
回 　収 　金 　等	27,531	59,643
計	244,818	294,686
(資金運用)		
貸　　　　　付	241,118	292,586
出　　　　　資	3,700	2,100
計	244,818	294,686

　これらの業務の円滑な運営を図るため、別途、一般会計から沖縄振興開発金融公庫補給金 2,437 百万円を交付することとしている。

2　株式会社日本政策金融公庫

　この公庫は、一般の金融機関が行う金融を補完することを旨としつつ、国民一般、中小企業者及び農林水産業者の資金調達を支援するための金融の機能を担うとともに、内外の金融秩序の混乱又は大規模な災害、テロリズム若しくは感染症等による被害に対処するために必要な金融を行うほか、当該必要な金融が銀行その他の

金融機関により迅速かつ円滑に行われることを可能とし、もって国民生活の向上に寄与することを目的としている。

また、「エネルギー環境適合製品の開発及び製造を行う事業の促進に関する法律」（平22法38）に基づく業務として、エネルギー環境適合製品を開発又は製造する事業のうち、我が国産業活動の発達及び改善に特に資するものを事業者が実施するために必要な資金を銀行その他の金融機関が貸し付ける場合において、当該金融機関に対し、当該資金の貸付けに必要な資金の貸付けを行うことができることとされている。

「産業競争力強化法」（平25法98）に基づく業務として、事業再編又は事業適応の取組を事業者が実施するために必要な資金を銀行その他の金融機関が貸し付ける場合において、当該金融機関に対し、当該資金の貸付けに必要な資金の貸付けを行うことができることとされているとともに、事業適応の取組のうち、カーボンニュートラル実現に向けた取組を事業者が実施するために必要な資金を銀行その他の金融機関が貸し付ける場合においては、当該金融機関に対し、利子補給を行うことができることとされている。

「特定高度情報通信技術活用システムの開発供給及び導入の促進に関する法律」（令2法37）に基づく業務として、国民生活及び経済活動の基盤となる特定高度情報通信技術活用システムの開発供給等又は特定半導体生産施設整備等を事業者が実施するために必要な資金を銀行その他の金融機関が貸し付ける場合において、当該金融機関に対し、当該資金の貸付けに必要な資金の貸付けを行うことができることとされている。

「造船法」（昭25法129）に基づく業務として、生産性向上のための基盤整備等の取組を造船事業者等が実施するために必要な資金を銀行その他の金融機関が貸し付ける場合において、当該金融機関に対し、当該資金の貸付けに必要な資金の貸付けを行うことができることとされている。

「海上運送法」（昭24法187）に基づく業務と
して、船舶運航事業者等の競争力強化の観点から、高性能、高品質な船舶の導入を事業者が実施するために必要な資金を銀行その他の金融機関が貸し付ける場合において、当該金融機関に対し、当該資金の貸付けに必要な資金の貸付けを行うことができることとされている。

「経済施策を一体的に講ずることによる安全保障の確保の推進に関する法律」（令4法43）に基づく業務として、特定重要物資等の安定供給確保のための取組に関する事業を事業者が実施するために必要な資金を銀行その他の金融機関が貸し付ける場合において、当該金融機関に対し、当該資金の貸付けに必要な資金の貸付けを行うことができることとされている。

（1）　国民一般向け業務

5年度においては、新型コロナウイルス感染症等により厳しい状況にある小規模事業者の資金繰り支援に引き続き万全を期すとともに、経営転換、事業再構築の取組、スタートアップ等や生産性向上に資する設備投資等を支援するほか、東日本大震災等による被災小規模事業者等の経営安定等を図るため、必要とする資金需要に的確に対応することとし、貸付規模として総額4,749,000百万円（うち、小規模事業者経営改善資金貸付395,000百万円）を計上している。この原資として、財政投融資特別会計投資勘定からの出資金1,800百万円、東日本大震災復興特別会計からの出資金162百万円、財政融資資金からの借入金3,070,000百万円、社債の発行による収入170,000百万円等を予定している。

資金計画は、次のとおりである。

	5年度(百万円)	4年度(百万円)
（資金調達）		
財政投融資特別会計投資勘定出資金	1,800	2,000
東日本大震災復興特別会計出資金	162	207
財政融資資金借入金	3,070,000	2,300,000
社　　　債	170,000	170,000
回　収　金　等	1,507,038	3,423,793

	5年度(百万円)	4年度(百万円)
計	4,749,000	5,896,000
（資金運用）		
貸　　　　付	4,749,000	5,896,000
普　通　貸　付	4,418,000	5,543,000
生活衛生資金貸付	150,000	172,000
恩給担保貸付	900	900
記名国債担保貸付	100	100
教育資金貸付	180,000	180,000

　上記の資金計画に関連して、別途、一般会計から株式会社日本政策金融公庫補給金20,015百万円を交付することとしている。

（2）　農林水産業者向け業務

　5年度においては、民間金融機関との協調や経営アドバイザー制度等のコンサルティング業務等の取組を引き続き推進しつつ、新型コロナウイルス感染症や物価・燃料価格高騰等の影響を受けた農林漁業者の資金繰り支援に万全を期すとともに、スマート農林水産業への転換や輸出基盤強化のための支援など、農林水産業の生産基盤強化や成長産業化を目的とした設備投資等への資金需要に的確に対応することとし、貸付規模として819,000百万円を計上しており、対象事業別の貸付計画は、次のとおりである。

	5年度(百万円)	4年度(百万円)
経営構造改善	440,500	440,500
基　盤　整　備	46,200	42,800
一　般　施　設	120,000	(128,100) 134,900
経営維持安定	202,300	88,600
災　　　　害	10,000	10,000
計	819,000	(710,000) 716,800

　この計画のうち、735,186百万円が5年度中に貸し付けられる予定であり、これに4年度の計画のうち、5年度に資金交付が行われる予定となっている54,814百万円を加えると、5年度の資金交付額は790,000百万円となる。この原資として、一般会計からの出資金64百万円、財政投融資特別会計投資勘定からの出資金3,000百万円、財政融資資金からの借入金763,000百万円、社債の発行によ

る収入20,000百万円等を予定している。また、証券化支援業務において、一般の金融機関が行う農業融資の信用リスクの引受1,850百万円を予定している。

　資金計画は、次のとおりである。

	5年度(百万円)	4年度(百万円)
（資金調達）		
一般会計出資金	64	65
財政投融資特別会計投資勘定出資金	3,000	—
財政融資資金借入金	763,000	627,000
社　　　　債	20,000	20,000
寄　　託　　金	600	600
回　収　金　等	3,336	(69,335) 76,135
計	790,000	(717,000) 723,800
（資金運用）		
貸　　　　付	790,000	(717,000) 723,800

　上記の資金計画に関連して、別途、一般会計から株式会社日本政策金融公庫補給金17,360百万円を交付することとしている。

（3）　中小企業者向け業務

　5年度においては、新型コロナウイルス感染症等により厳しい状況にある中小企業の資金繰り支援に引き続き万全を期すとともに、経営転換、事業再構築の取組、スタートアップ等や生産性向上に資する設備投資等を支援するほか、東日本大震災等による被災中小企業者等の経営安定等を図るため、必要とする資金需要に的確に対応することとし、融資事業の貸付規模として2,740,000百万円を計上している。この原資として、財政投融資特別会計投資勘定からの出資金24,000百万円、東日本大震災復興特別会計からの出資金60百万円、財政融資資金からの借入金1,900,000百万円、社債の発行による収入80,600百万円及び回収金等735,340百万円を予定している。また、証券化支援事業におけるクレジット・デフォルト・スワップ契約(総額50,000百万円を予定)により必要となる資産担保証券の取得20,800百万円の原資として、社債の発行による収入19,400百万円、有価証券回収金等1,400

百万円を予定しているほか、債務の保証60,500百万円を予定している。

資金計画は、次のとおりである。

	5年度(百万円)	4年度(百万円)
（資金調達）		
財政投融資特別会計投資勘定出資金	24,000	16,900
東日本大震災復興特別会計出資金	60	180
財政融資資金借入金	1,900,000	1,180,000
社債	100,000	100,000
回収金等	736,740	2,091,620
計	2,760,800	3,388,700
（資金運用）		
貸付	2,740,000	3,370,000
有価証券	20,800	18,700
計	2,760,800	3,388,700

上記の資金計画に関連して、別途、一般会計から株式会社日本政策金融公庫補給金14,311百万円を交付することとしている。

（4） 信用保険等業務

5年度における中小企業信用保険事業は、19,657,600百万円の保険引受、破綻金融機関等関連特別保険等事業は66,000百万円の保険引受をそれぞれ予定しているほか、信用保証協会に対する貸付けは24,000百万円を予定している。また、中小企業信用保険事業に要する資金に充てるため、一般会計からの出資金46,700百万円を予定している。

資金計画は、次のとおりである。

	5年度(百万円)	4年度(百万円)
（資金調達）		
一般会計出資金	46,700	47,320
信用保証協会貸付回収金	24,000	24,000
保険料収入	222,262	246,650
回収金	77,042	75,048
その他	6,493,408	6,509,090
計	6,863,412	6,902,107
（資金運用）		
信用保証協会貸付金	24,000	24,000
保険費	844,086	874,654
その他	5,995,326	6,003,453
計	6,863,412	6,902,107

（5） 危機対応円滑化業務

5年度においては、内外の金融秩序の混乱又は大規模な災害、テロリズム若しくは感染症等による被害に対処するために必要な金融が、銀行その他の金融機関により迅速かつ円滑に行われるよう、必要とする資金需要に的確に対応することとし、国が指定した金融機関に対する融資事業の貸付規模として199,000百万円を計上している。この原資として、財政融資資金からの借入金99,000百万円及び社債の発行による収入100,000百万円を予定している。また、利子補給事業における利子補給金の原資として、一般会計からの補給金1百万円を予定している。さらに、損害担保事業に要する資本に充てるため、一般会計から10百万円を出資することとしている。なお、別途、一般会計から株式会社日本政策金融公庫補助金210百万円を交付することとしている。

資金計画は、次のとおりである。

	5年度(百万円)	4年度(百万円)
（資金調達）		
財政融資資金借入金	99,000	474,000
社債	100,000	100,000
計	199,000	574,000
（資金運用）		
貸付	199,000	574,000

（注） 4年度の社債100,000百万円、5年度の社債100,000百万円については、政府保証を付すことを予定している。

（6） 特定事業等促進円滑化業務

5年度においては、エネルギー環境適合製品を開発又は製造する事業のうち、我が国産業活動の発達及び改善に特に資するものの実施、事業再編又は事業適応の取組の実施、特定高度情報通信技術活用システムの開発供給等又は特定半導体生産施設整備等の実施、造船事業者等による生産性向上のための基盤整備等の実施、船舶運航事業者等による高性能、高品質な船舶の導入の実施及び特定重要

物資等の安定供給確保のための取組に関する事業の実施を図るために必要な資金の貸付けが、銀行その他の金融機関により円滑に行われるよう、必要とする資金需要に的確に対応することとし、貸付規模として236,700百万円を計上している。この原資として、財政融資資金からの借入金236,700百万円を予定している。また、事業適応の取組の実施のうちカーボンニュートラル実現に向けた取組においては、利子補給事業を予定しており、その利子補給の原資として、エネルギー対策特別会計エネルギー需給勘定からの補助金400百万円を予定している。なお、別途、一般会計から株式会社日本政策金融公庫補助金103百万円を交付することとしている。

資金計画は，次のとおりである。

	5年度(百万円)	4年度(百万円)
(資金調達)		
財政融資資金借入金	236,700	211,700
(資金運用)		
貸　　　付	236,700	211,700

3　株式会社国際協力銀行

この銀行は、一般の金融機関が行う金融を補完することを旨としつつ、我が国にとって重要な資源の海外における開発及び取得を促進し、我が国の産業の国際競争力の維持及び向上を図り、並びに地球温暖化の防止等の地球環境の保全を目的とする海外における事業を促進するための金融の機能を担うとともに、国際金融秩序の混乱の防止又はその被害への対処に必要な金融を行い、もって我が国及び国際経済社会の健全な発展に寄与することを目的としている。

5年度においては、日本企業のサプライチェーン強靱化やグリーンやデジタルなど先端分野における日本企業の海外展開を金融面で支援していくこととし、総額2,650,000百万円の事業規模を計上している。これらの原資として、財政投融資特別会計投資勘定からの出資金90,000百万円、外国通貨長期借入金40,000百万円、財政融資資金からの借入金981,000百万円、社債の発行による収入1,865,000百万円及び借入金償還等△326,000百万円を予定し

ている。

なお、グローバル投資強化ファシリティにおいて資金需要の増加等に伴い外貨資金が必要な場合にあっては、外国為替資金からの借入れを行う場合がある。

資金計画は、次のとおりである。

	5年度(百万円)	4年度(百万円)
(資金調達)		
財政投融資特別会計投資勘定出資金	90,000	85,000
外国通貨長期借入金	40,000	40,000
財政融資資金借入金	981,000	(401,000) 1,101,000
社　　　債	1,865,000	(1,856,000) 1,456,000
借入金償還等	△ 326,000	△ 82,000
計	2,650,000	(2,300,000) 2,600,000
(資金運用)		
一　般　業　務	2,500,000	(2,200,000) 2,500,000
輸　　　出	300,000	300,000
輸入・投資	1,600,000	(1,450,000) 1,740,000
事業開発等	450,000	300,000
出　　　資	150,000	(150,000) 160,000
特　別　業　務	150,000	100,000
輸　　　出	43,000	38,000
輸入・投資	75,000	55,000
事業開発等	7,000	2,000
出　　　資	25,000	5,000
計	2,650,000	(2,300,000) 2,600,000

(注)　4年度の社債1,436,000百万円及び外国通貨長期借入金40,000百万円並びに5年度の社債1,845,000百万円及び外国通貨長期借入金40,000百万円については、政府保証を付すことを予定している。

4　独立行政法人国際協力機構有償資金協力部門

この機構は、開発途上にある海外の地域(以下「開発途上地域」という。)に対する技術協力の実施、有償及び無償の資金供与による協力の実施並びに開発途上地域の住民を対象とする国民等の協力活動の促進に必要な業務を行い、中南米地域等への移住者の定着に必要な業務を行い、並びに開発途上地域等における大規模な災

害に対する緊急援助の実施に必要な業務を行い、もってこれらの地域の経済及び社会の開発若しくは復興又は経済の安定に寄与することを通じて、国際協力の促進並びに我が国及び国際経済社会の健全な発展に資することを目的としている。

この機構において、政府関係機関予算となっているのは、開発途上地域の政府等に対して有償の資金供与による協力の実施等を行う有償資金協力部門である。

5年度においては、1,894,000百万円の出融資を行うこととし、これらの原資として、一般会計からの出資金47,840百万円、財政融資資金からの借入金1,043,100百万円、国際協力機構債券の発行による収入305,500百万円及び貸付回収金等497,560百万円を予定している。

資金計画は、次のとおりである。

	5年度(百万円)	4年度(百万円)
（資金調達）		
一般会計出資金	47,840	47,090
財政融資資金借入金	1,043,100	(523,700) 1,024,700
国際協力機構債券	305,500	198,000
貸付回収金等	497,560	651,210
計	1,894,000	(1,420,000) 1,921,000
（資金運用）		
直接借款	1,768,500	(1,330,000) 1,831,000
海外投融資	125,500	90,000
計	1,894,000	(1,420,000) 1,921,000

（注） 国際協力機構債券のうち、政府保証を伴うものとして、5年度225,500百万円を予定している。

付　　　　表

1 令和5年度一般会計予算の概要

（単位　百万円、%）

区分	5年度予算額	4年度予算額 当初	4年度予算額 補正(第2号)後	比較増△減額(増△減率) 当初	比較増△減額(増△減率) 補正(第2号)後
（歳出）					
1 一般歳出	72,731,720	67,374,601	97,634,540	(8.0) 5,357,119	(△25.5) △24,902,821
2 地方交付税交付金等	16,399,176	15,882,539	17,513,366	(3.3) 516,637	(△6.4) △1,114,190
3 国債費	25,250,340	24,339,285	24,071,663	(3.7) 911,055	(4.9) 1,178,677
合計	114,381,236	107,596,425	139,219,569	(6.3) 6,784,811	(△17.8) △24,838,334
（歳入）					
1 租税及印紙収入	69,440,000	65,235,000	68,359,000	(6.4) 4,205,000	(1.6) 1,081,000
2 その他収入	9,318,236	5,435,425	8,381,652	(71.4) 3,882,811	(11.2) 936,584
3 公債金	35,623,000	36,926,000	62,478,917	(△3.5) △1,303,000	(△43.0) △26,855,917
合計	114,381,236	107,596,425	139,219,569	(6.3) 6,784,811	(△17.8) △24,838,334

2 令和5年度一般会計歳入歳出予算経常部門及び投資部門区分表

(単位　億円)

区　　　　　分	5年度予算額	4年度予算額	比較増△減
I 経　　常　　部　　門			
(歳　　　　入)			
租　税　及　印　紙　収　入	694,127	652,035	42,092
税　　外　　収　　入	87,455	48,071	39,385
公　　　債　　　金	290,650	306,750	△　16,100
前　年　度　剰　余　金　受　入	—	531	△　　531
小　　　　　計	1,072,232	1,007,387	64,845
投　資　部　門　へ　充　当	△　2,618	△　2,225	△　　393
計	1,069,614	1,005,162	64,452
(歳　　　　出)			
一　　般　　経　　費	1,014,614	950,162	64,452
新型コロナウイルス感染症及び原油価格・物価高騰対策予備費	40,000	50,000	△　10,000
ウクライナ情勢経済緊急対応予備費	10,000	—	10,000
予　　　備　　　費	5,000	5,000	—
計	1,069,614	1,005,162	64,452
II 投　　資　　部　　門			
(歳　　　　入)			
租　税　及　印　紙　収　入	273	315	△　　42
税　　外　　収　　入	5,727	5,752	△　　25
公　　　債　　　金	65,580	62,510	3,070
小　　　　　計	71,581	68,577	3,003
経　常　部　門　か　ら　充　当	2,618	2,225	393
計	74,198	70,803	3,396
(歳　　　　出)			
公共事業関係費、施設費等	74,198	70,803	3,396
III 合　　　　　　計	1,143,812	1,075,964	67,848

(注)　1　(1) 経常部門の「公債金」(290,650億円)は、「財政運営に必要な財源の確保を図るための公債の発行の特例に関する法律」(平24法101)第3条第1項の規定により発行する公債に係る公債金収入の見込額である。

　　　　　(2) 投資部門の「公債金」(65,580億円)は、「財政法」(昭22法34)第4条第1項ただし書の規定により発行する公債に係る公債金収入の見込額である。

　　　2　「公共事業関係費、施設費等」には、出資金及び貸付金が含まれる。

　　　3　4年度の計数は、当初予算(決定)額である。

（付）　投資部門歳出内訳

（単位　億円）

区　　分	5年度予算額	4年度予算額	比較増△減
Ⅰ　公　共　事　業　費			
（イ）公　共　事　業　関　係　費	59,995	59,923	72
｛特　定　財　源　見　合	5,901	5,960	△　59
｛財　政　法　公　債　対　象	54,094	53,964	130
（ロ）そ　の　他　施　設　費	9,836	5,739	4,096
｛特　定　財　源　見　合	100	108	△　8
｛財　政　法　公　債　対　象	9,736	5,632	4,104
Ⅱ　出　　資　　金	3,216	3,961	△　745
（財　政　法　公　債　対　象）			
Ⅲ　貸　　付　　金	1,151	1,179	△　28
（財　政　法　公　債　対　象）			
Ⅳ　合　　　　　計	74,198	70,803	3,396
｛特　定　財　源　見　合	6,001	6,067	△　67
｛財　政　法　公　債　対　象	68,198	64,735	3,463

（注）　1　5年度の「財政法公債対象経費」68,198億円の内訳は、第2一般会計（B）歳入5公債金(58頁)の説明に掲げられているとおりである。

　　　2　上記の「公共事業関係費」の計数は、主要経費別分類の公共事業関係費の計数から、（1）経常部門の歳出としている住宅対策諸費(住宅建設事業調査費及び独立行政法人住宅金融支援機構出資金を除く。)及び民間都市開発推進機構補給金、（2）投資部門の「出資金」として整理している国立研究開発法人森林研究・整備機構出資金、独立行政法人住宅金融支援機構出資金及び独立行政法人日本高速道路保有・債務返済機構出資金並びに（3）投資部門の「貸付金」として整理している電線敷設工事資金貸付金、自動運行補助施設設置工事資金貸付金、埠頭整備等資金貸付金、港湾開発資金貸付金、特定連絡道路工事資金貸付金、都市開発資金貸付金、有料道路整備資金貸付金及び連続立体交差事業資金貸付金の計数を控除したものである。

　　　3　「公共事業関係費」の「特定財源見合」の計数は、（1）航空機燃料税財源見合の空港整備事業費、（2）公共事業費負担金相当額、（3）受託工事収入人件費等相当額、（4）附帯工事費負担金人件費等相当額及び（5）河川管理費人件費等相当額の合計額である。

　　　4　「その他施設費」の「特定財源見合」の計数は、電波利用料財源見合の施設整備費相当額である。

　　　5　4年度の計数は、当初予算(決定)額である。

3 令和5年度一般会計歳出予算所管別対前年度比較表

(単位 千円)

所 管 別	5年度予算額	4年度予算額 当初	補正(第2号)後	比 較 増 △ 減 当初	補正(第2号)後
皇 室 費	6,708,028	7,308,939	7,308,939	△ 600,911	△ 600,911
国 会	128,221,173	128,307,623	133,274,281	△ 86,450	△ 5,053,108
裁 判 所	322,216,780	322,813,550	324,021,001	△ 596,770	△ 1,804,221
会 計 検 査 院	15,824,524	16,928,289	17,147,434	△ 1,103,765	△ 1,322,910
内 閣	106,443,244	107,172,414	132,437,345	△ 729,170	△ 25,994,101
内 閣 府	4,895,957,487	3,943,292,360	5,267,875,763	952,665,127	△ 371,918,276
デ ジ タ ル 庁	495,147,119	472,025,550	592,920,219	23,121,569	△ 97,773,100
総 務 省	16,862,510,254	16,462,407,984	18,219,607,567	400,102,270	△ 1,357,097,313
法 務 省	725,004,143	743,785,213	768,455,287	△ 18,781,070	△ 43,451,144
外 務 省	743,449,543	690,400,138	954,176,805	53,049,405	△ 210,727,262
財 務 省	35,476,279,656	31,168,839,658	37,603,123,915	4,307,439,998	△ 2,126,844,259
文 部 科 学 省	5,294,138,248	5,281,844,828	6,736,664,535	12,293,420	△ 1,442,526,287
厚 生 労 働 省	33,168,623,527	33,516,048,600	38,105,922,552	△ 347,425,073	△ 4,937,299,025
農 林 水 産 省	2,093,667,543	2,104,261,924	2,846,347,303	△ 10,594,381	△ 752,679,760
経 済 産 業 省	880,893,568	902,389,830	13,111,480,256	△ 21,496,262	△ 12,230,586,688
国 土 交 通 省	6,052,431,129	6,030,726,064	8,125,794,726	21,705,065	△ 2,073,363,597
環 境 省	325,754,157	329,146,485	462,519,060	△ 3,392,328	△ 136,764,903
防 衛 省	6,787,965,446	5,368,725,109	5,810,492,109	1,419,240,337	977,473,337
合 計	114,381,235,569	107,596,424,558	139,219,569,097	6,784,811,011	△ 24,838,333,528

(注) 1 こども家庭庁(内閣府所管)の5年度予算額は3,969,080,858千円である。
　　　2 財務省所管の5年度予算額のうち、防衛力強化資金(仮称)繰入れは3,380,619,913千円である。

4　令和5年度予算定員対前年度比較表

区　　分	5年度末予算定員 人	4年度末予算定員 人	比較増△減 人
一般会計	560,968	559,721	1,247
特別会計	22,447	22,686	△239
計	583,415	582,407	1,008
政府関係機関	10,324	10,288	36
合計	593,739	592,695	1,044

（1）総括表

所管別	5年度末予算定員			4年度末予算定員			比較増△減		
	一般会計 人	特別会計 人	計 人	一般会計 人	特別会計 人	計 人	一般会計 人	特別会計 人	計 人
国会	3,916	—	3,916	3,914	—	3,914	2	—	2
裁判所	25,570	—	25,570	25,616	—	25,616	△46	—	△46
会計検査院	1,254	—	1,254	1,254	—	1,254	—	—	—
内閣	2,057	—	2,057	2,104	—	2,104	△47	—	△47
内閣府	15,906	110	16,016	15,421	94	15,515	485	16	501
デジタル庁	497	—	497	414	—	414	83	—	83
復興庁	—	799	799	—	814	814	—	△15	△15
総務省	4,810	—	4,810	4,757	—	4,757	53	—	53
法務省	55,222	—	55,222	55,026	—	55,026	196	—	196
外務省	6,604	—	6,604	6,504	—	6,504	100	—	100
財務省	72,467	418	72,885	72,314	418	72,732	153	—	153
文部科学省	2,148	—	2,148	2,137	—	2,137	11	—	11
厚生労働省	23,856	9,681	33,537	23,823	9,851	33,674	33	△170	△137
農林水産省	19,414	201	19,615	19,668	216	19,884	△254	△15	△269
経済産業省	5,141	2,866	8,007	5,119	2,867	7,986	22	△1	21
国土交通省	51,825	7,632	59,457	51,501	7,692	59,193	324	△60	264
環境省	2,081	740	2,821	2,019	734	2,753	62	6	68
防衛省	21,046	—	21,046	20,976	—	20,976	70	—	70
計	313,814	22,447	336,261	312,567	22,686	335,253	1,247	△239	1,008
自衛官	247,154	—	247,154	247,154	—	247,154	—	—	—
合計	560,968	22,447	583,415	559,721	22,686	582,407	1,247	△239	1,008

（注）　1　こども家庭庁（内閣府所管）の5年度末予算定員は430人である。

　　　　2　復興庁所管の5年度末予算定員（東日本大震災復興特別会計799人）は、復興庁221人のほか、内閣2人、法務省9人、文部科学省20人、農林水産省13人、国土交通省3人及び環境省531人の定員を含む。

（2）一般会計

所管別	5年度末予算定員 人	4年度末予算定員 人	比較増△減 人
国会	3,916	3,914	2
裁判所	25,570	25,616	△46
会計検査院	1,254	1,254	—
内閣	2,057	2,104	△47
内閣府	15,906	15,421	485
デジタル庁	497	414	83

所　　　管　　　別	5年度末予算定員 人	4年度末予算定員 人	比　較　増　△　減 人
総　　　務　　　省	4,810	4,757	53
法　　　務　　　省	55,222	55,026	196
外　　　務　　　省	6,604	6,504	100
財　　　務　　　省	72,467	72,314	153
文　部　科　学　省	2,148	2,137	11
厚　生　労　働　省	23,856	23,823	33
農　林　水　産　省	19,414	19,668	△　254
経　済　産　業　省	5,141	5,119	22
国　土　交　通　省	51,825	51,501	324
環　　　境　　　省	2,081	2,019	62
防　　　衛　　　省	21,046	20,976	70
計	313,814	312,567	1,247
自　　　衛　　　官	247,154	247,154	―
合　　　　　計	560,968	559,721	1,247

（3）　特　別　会　計

会　　　計　　　別	5年度末予算定員 人	4年度末予算定員 人	比　較　増　△　減 人
地　震　再　保　険	6	6	―
外　国　為　替　資　金	49	49	―
財　政　投　融　資	363	363	―
エ　ネ　ル　ギ　ー　対　策	853	850	3
労　　　働　　　保　　　険	9,312	9,469	△　157
年　　　　　金	416	413	3
食　料　安　定　供　給	201	216	△　15
特　　　　　許	2,816	2,814	2
自　動　車　安　全	7,632	7,692	△　60
東　日　本　大　震　災　復　興	799	814	△　15
計	22,447	22,686	△　239

（4）　政　府　関　係　機　関

機　　　関　　　別	5年度末予算定員 人	4年度末予算定員 人	比　較　増　△　減 人
沖　縄　振　興　開　発　金　融　公　庫	225	223	2
株　式　会　社　日　本　政　策　金　融　公　庫	7,454	7,454	―
株　式　会　社　国　際　協　力　銀　行	706	684	22
独立行政法人国際協力機構有償資 金協力部門	1,939	1,927	12
計	10,324	10,288	36

（注）独立行政法人国際協力機構有償資金協力部門の予算定員の計数は、同部門の予算定員を特定することがで
　　　きないため、独立行政法人国際協力機構全体の人数を参考として記載している。

5 令和5年度予算に基づく財政資金対民間収支見込み

(△印は支払超過、単位：億円)

区　　　　　　　　分	5年度見込み		4年度見込み	
一　　般　　会　　計		—	△	175,820
食料安定供給特別会計	△	500	△	210
財政投融資特別会計		150	△	73,630
外国為替資金特別会計		30		30,460
そ　　　の　　　他		768,070		954,990
合　　　　　　　計		767,750		735,790

(注)　1　「その他」は、「一般会計」等、上記に掲げる会計以外の特別会計等の計数の
　　　　　合計である。
　　　2　各会計等の見込額は、国庫内振替収支を含む。
　　　3　5年度見込みについては、日本銀行の国庫短期証券売買オペの実施予定額が
　　　　　見込めないことから、当該オペによる対民間の償還額への影響は見込んでい
　　　　　ない。
　　　4　4年度見込みについては、日本銀行が国庫短期証券売買オペにより取得した
　　　　　国庫短期証券の償還額175,420億円を見込んでいる。

6　令和3年の日本のODA実績

（贈与相当額ベース）

援 助 形 態	ドル・ベース（百万ドル）			円ベース（億円）		
	実　績	前年実績	対前年比（%）	実　績	前年実績	対前年比（%）
二 国 間 O D A	13,716	13,181	4.1	15,056	14,073	7.0
贈　　　　　与	5,680	5,470	3.9	6,235	5,840	6.8
無 償 資 金 協 力	3,257	3,068	6.2	3,575	3,276	9.1
うち国際機関を通じた贈与	2,096	1,793	16.9	2,300	1,915	20.1
技 術 協 力	2,423	2,401	0.9	2,660	2,564	3.7
政 府 貸 付 等	8,036	7,712	4.2	8,821	8,233	7.1
国際機関に対する出資・拠出等	3,918	3,079	27.2	4,300	3,287	30.8
O　D　A　合　計	17,634	16,260	8.4	19,356	17,360	11.5

（注）　1　3年DAC指定レート：1ドル＝109.8円（2年106.8円）
　　　　2　贈与相当額ベースは、OECD／DACが30年実績から標準のODA計上方式として採用。
　　　　　　円借款等供与時に贈与に相当する額のみを計上し、返済時に減算計上をしない。
　　　　3　従来用いられてきた支出総額ベースでは、21,951百万ドル（24,095億円）（2年20,304百万ドル（21,677
　　　　　　億円））。円借款の回収金を除いた支出純額ベースでは、15,765百万ドル（17,305億円）（2年13,660百万
　　　　　　ドル（14,584億円））。

7 中小企業対策費及び中小企業関係財政投融資

中小企業対策関係の一般会計及び財政投融資を一括して示すと、次のとおりである。

	5年度(百万円)	4年度(百万円)	比較増△減(百万円)
1 一般会計			
株式会社日本政策金融公庫出資金（財務省分）	46,700	(47,120) 68,320	(△ 420) △ 21,620
株式会社日本政策金融公庫補給金（財務省分）	13,705	13,485	220
中小企業最低賃金引上げ支援対策費	991	(1,189) 11,189	(△ 198) △ 10,198
中小企業政策推進費	50,338	(51,387) 863,399	(△ 1,049) △ 813,061
株式会社日本政策金融公庫補給金（経済産業省分）	17,598	17,553	45
独立行政法人中小企業基盤整備機構運営費交付金	18,345	(17,593) 218,343	(753) △ 199,998
その他	22,699	(22,701) 139,714	(△ 2) △ 117,015
株式会社日本政策金融公庫出資金（経済産業省分）	—	(240) 66,540	(△ 240) △ 66,540
独立行政法人中小企業基盤整備機構出資金	—	(—) 20,000	(—) △ 20,000
計	170,376	(171,267) 1,418,542	(△ 891) △ 1,248,166
2 財政投融資			
株式会社日本政策金融公庫	4,879,439	3,428,683	1,450,756
国民一般向け業務	2,955,439	2,231,783	723,656
中小企業者向け業務	1,924,000	1,196,900	727,100
沖縄振興開発金融公庫	92,046	137,975	△ 45,929
計	4,971,485	3,566,658	1,404,827

(注) 1 株式会社日本政策金融公庫国民一般向け業務については、教育資金貸付に係る財政投融資の額を除き計上している。

2 沖縄振興開発金融公庫については、中小企業資金、生業資金及び生活衛生資金の貸付規模を基礎として算出された財政投融資の額のみを計上している。

8 環境保全経費総括表

環境保全経費を一括して示すと、次のとおりである。

	5年度 (百万円)	4年度当初 (百万円)	比較増△減 (百万円)
地球環境の保全	601,706	564,711	36,995
一般会計	177,950	161,312	16,638
エネルギー対策特別会計	399,894	395,879	4,014
労働保険特別会計	407	185	222
自動車安全特別会計	16,778	81	16,697
東日本大震災復興特別会計	6,676	7,253	△ 576
生物多様性の保全及び持続可能な利用	160,585	159,064	1,522
一般会計	159,978	158,453	1,526
東日本大震災復興特別会計	607	611	△ 4
循環型社会の形成	70,567	72,207	△ 1,640
一般会計	59,672	58,550	1,122
エネルギー対策特別会計	10,486	10,808	△ 322
東日本大震災復興特別会計	409	2,849	△ 2,440
水環境、土壌環境、地盤環境、海洋環境の保全	150,651	135,181	15,471
一般会計	149,688	134,421	15,267
エネルギー対策特別会計	112	5	107
東日本大震災復興特別会計	851	755	97
大気環境の保全	143,298	156,485	△ 13,187
一般会計	141,286	154,170	△ 12,884
自動車安全特別会計	1,803	2,114	△ 311
東日本大震災復興特別会計	209	201	8
包括的な化学物質対策	5,159	5,124	35
一般会計	5,084	5,049	35
労働保険特別会計	75	75	△ 0
放射性物質による環境汚染の防止	354,323	374,579	△ 20,256
一般会計	4,750	4,666	84
エネルギー対策特別会計	32,237	31,961	276
労働保険特別会計	284	299	△ 15
東日本大震災復興特別会計	317,052	337,652	△ 20,601
各種施策の基盤となる施策等	153,643	155,660	△ 2,017
一般会計	108,916	108,375	541
エネルギー対策特別会計	37,571	40,305	△ 2,734
食料安定供給特別会計	991	1,012	△ 21
東日本大震災復興特別会計	6,165	5,968	197
合計	1,639,933	1,623,009	16,923
一般会計	807,325	784,997	22,328
特別会計	832,607	838,013	△ 5,405

9 消費税の収入(国分)及び消費税の収入(国分)が充てられる経費

(単位 億円)

区　　　　分	5年度予算額	4年度予算額	比較増△減
(歳　　　　入)			
消 費 税 の 収 入 (国 分)	188,241	(173,663) 178,396	(14,579) 9,845
(歳　　　　出)			
年　　　　　　金	137,141	(133,900) 133,871	(3,242) 3,270
医　　　　　　療	121,517	(120,925) 121,640	△ (592) 123
介　　　　　　護	36,809	(35,803) 35,784	(1,007) 1,025
少 子 化 対 策	31,414	(31,095) 31,830	△ (319) 417
合　　　　　計	326,882	(321,722) 323,125	(5,159) 3,756

(注)「消費税の収入(国分)」の金額は、消費税の収入から地方交付税交付金(法定率分)に相当する金額を除い
た金額であり、消費税の収入の予算額の 80.5/100 に相当する金額である。

10 令和 5 年度独立行政法人に対する財源措置

所管	法人名	一般会計				特別会計			
		運営費交付金	施設整備費補助金	その他の補助金等	計	運営費交付金	施設整備費補助金	その他の補助金等	計
内閣府	国立公文書館	2,412	32	—	2,444	—	—	—	—
	日本医療研究開発機構	6,629	—	117,538	124,167	—	—	—	—
	北方領土問題対策協会	1,332	—	157	1,488	—	—	—	—
	国民生活センター	3,366	—	—	3,366	—	—	—	—
総務省	情報通信研究機構	28,682	90	26,854	55,627	—	—	—	—
	統計センター	7,684	—	—	7,684	—	—	—	—
外務省	国際交流基金	12,825	—	—	12,825	—	—	—	—
	国際協力機構	150,302	1,549	47,840	199,691	—	—	—	—
財務省	酒類総合研究所	969	—	—	969	—	—	—	—
文部科学省	教職員支援機構	1,263	—	—	1,263	—	—	—	—
	国立青少年教育振興機構	7,947	—	—	7,947	—	—	—	—
	国立女性教育会館	506	—	—	506	—	—	—	—
	国立特別支援教育総合研究所	1,058	—	—	1,058	—	—	—	—
	大学改革支援・学位授与機構	1,827	—	—	1,827	—	—	—	—
	大学入試センター	—	—	597	597	—	—	—	—
	国立高等専門学校機構	62,800	1,349	700	64,850	—	—	—	—
	日本学術振興会	27,414	—	238,782	266,196	—	—	—	—
	物質・材料研究機構	14,419	—	—	14,419	—	—	—	—
	科学技術振興機構	100,544	403	7,253	108,200	—	—	—	—
	理化学研究所	54,770	—	30,580	85,350	—	—	—	—
	量子科学技術研究開発機構	21,762	1,566	17,245	40,574	—	291	37	328
	防災科学技術研究所	7,877	—	1,312	9,189	—	—	—	—
	海洋研究開発機構	30,622	—	3,355	33,977	—	—	—	—
	宇宙航空研究開発機構	122,689	6,584	54,315	183,588	—	—	—	—
	日本原子力研究開発機構	36,427	—	12,464	48,890	95,427	285	1,992	97,703
	日本学生支援機構	15,885	102	372,317	388,304	—	—	—	—
	日本スポーツ振興センター	19,932	—	2,032	21,964	—	—	—	—
	国立科学博物館	2,840	—	—	2,840	—	—	—	—
	国立美術館	7,739	400	—	8,139	—	—	—	—
	国立文化財機構	9,577	—	—	9,577	—	—	—	—
	日本芸術文化振興会	11,798	—	11,353	23,151	—	—	—	—
厚生労働省	医薬基盤・健康・栄養研究所	4,729	38	38	4,806	—	—	—	—
	医薬品医療機器総合機構	2,334	—	1,231	3,566	—	—	—	—
	国立病院機構	—	—	2,641	2,641	—	—	—	—
	国立がん研究センター	6,736	246	1,642	8,624	—	—	—	—
	国立循環器病研究センター	4,134	—	64	4,198	—	—	—	—
	国立精神・神経医療研究センター	3,805	1,514	141	5,460	—	—	—	—
	国立国際医療研究センター	6,780	463	1,401	8,644	—	—	—	—
	国立成育医療研究センター	3,300	—	172	3,473	—	—	—	—
	国立長寿医療研究センター	2,964	269	110	3,343	—	—	—	—
	地域医療機能推進機構	—	—	16	16	—	—	—	—
	勤労者退職金共済機構	—	—	—	—	28	—	7,392	7,420
	高齢・障害・求職者雇用支援機構	863	—	—	863	69,949	4,707	3,445	78,102

所管	法人名	一般会計				特別会計			
		運営費交付金	施設整備費補助金	その他の補助金等	計	運営費交付金	施設整備費補助金	その他の補助金等	計
	福祉医療機構	3,163	—	30,691	33,854	—	—	236	236
	国立重度知的障害者総合施設のぞみの園	1,231	—	—	1,231	—	—	—	—
	労働政策研究・研修機構	429	—	—	429	1,790	—	—	1,790
	労働者健康安全機構	—	—	44	44	11,233	1,332	14,742	27,307
農林水産省	農林水産消費安全技術センター	6,712	57	—	6,769	—	—	—	—
	農畜産業振興機構	3,142	—	88,594	91,736	—	—	—	—
	農業・食品産業技術総合研究機構	54,473	699	184	55,356	—	—	—	—
	家畜改良センター	7,453	175	26	7,654	—	—	—	—
	農業者年金基金	4,707	—	76,264	80,971	—	—	—	—
	国際農林水産業研究センター	3,762	22	3	3,787	—	—	—	—
	農林漁業信用基金	—	—	558	558	—	—	105	105
	森林研究・整備機構	10,200	314	25,350	35,865	—	—	227	227
	水産研究・教育機構	17,005	199	135	17,339	182	—	—	182
経済産業省	経済産業研究所	1,900	—	—	1,900	—	—	—	—
	日本貿易振興機構	26,570	—	5,038	31,608	—	—	432	432
	産業技術総合研究所	61,800	—	22	61,822	—	—	—	—
	新エネルギー・産業技術総合開発機構	14,448	—	384	14,832	138,389	—	456,400	594,789
	製品評価技術基盤機構	7,759	—	63	7,822	—	—	138	138
	情報処理推進機構	10,108	—	232	10,340	—	—	—	—
	エネルギー・金属鉱物資源機構	3,911	—	334	4,245	26,601	—	272,599	299,200
	中小企業基盤整備機構	18,345	—	—	18,345	208	—	—	208
	工業所有権情報・研修館	—	—	—	—	10,561	—	—	10,561
国土交通省	土木研究所	8,782	322	—	9,104	—	—	—	—
	建築研究所	1,916	77	—	1,992	—	—	—	—
	海上・港湾・航空技術研究所	5,083	200	—	5,283	—	—	31	31
	鉄道建設・運輸施設整備支援機構	317	—	99,919	100,236	—	—	1,200	1,200
	自動車技術総合機構	777	—	—	777	2,109	1,195	—	3,305
	海技教育機構	6,576	—	—	6,576	—	—	—	—
	航空大学校	2,473	—	—	2,473	—	—	—	—
	国際観光振興機構	12,356	—	—	12,356	—	—	—	—
	都市再生機構	—	—	22,677	22,677	—	—	—	—
	水資源機構	—	—	52,376	52,376	—	—	—	—
	日本高速道路保有・債務返済機構	—	—	5,683	5,683	—	—	—	—
	住宅金融支援機構	—	—	25,143	25,143	—	—	—	—
	自動車事故対策機構	—	—	—	—	9,398	616	4,308	14,322
	空港周辺整備機構	—	—	—	—	—	—	115	115
環境省	国立環境研究所	16,575	854	118	17,546	—	—	—	—
	環境再生保全機構	6,657	—	7,211	13,869	—	—	4,004	4,004
防衛省	駐留軍等労働者労務管理機構	3,798	—	—	3,798	—	—	—	—
	合計	1,131,972	17,523	1,393,202	2,542,697	365,874	8,426	767,401	1,141,701

11　令和5年度歳出予算主要経費別純計表（一般会計と特別会計の合計）

(単位　千円)

主　要　経　費　別	5年度予算額
(社　会　保　障　関　係　費)	
年　金　給　付　費	59,069,412,120
医　療　給　付　費	23,175,135,313
介　護　給　付　費	3,680,922,304
少　子　化　対　策　費	4,520,473,698
生　活　扶　助　等　社　会　福　祉　費	4,964,447,018
保　健　衛　生　対　策　費	478,548,586
雇　用　労　災　対　策　費	3,672,734,842
計	99,561,673,881
(文　教　及　び　科　学　振　興　費)	
義　務　教　育　費　国　庫　負　担　金	1,522,779,000
科　学　技　術　振　興　費	1,408,540,347
文　教　施　設　費	74,270,251
教　育　振　興　助　成　費	2,308,678,874
育　英　事　業　費	120,438,087
計	5,434,706,559
	(81,837,288,735)
国　債　費	239,388,619,609
恩　給　関　係　費	96,966,341
地　方　交　付　税　交　付　金	17,002,353,918
地　方　特　例　交　付　金	216,900,000
地　方　譲　与　税　譲　与　金	2,600,100,000
防　衛　関　係　費	10,168,585,359
下　記　繰　入　れ　除　く	6,787,965,446
防　衛　力　強　化　資　金（仮称）繰　入　れ	3,380,619,913
(公　共　事　業　関　係　費)	
治　山　治　水　対　策　事　業　費	954,846,416
道　路　整　備　事　業　費	1,671,086,071
港　湾　空　港　鉄　道　等　整　備　事　業　費	727,067,589
住　宅　都　市　環　境　整　備　事　業　費	752,567,000
公園水道廃棄物処理等施設整備費	179,191,000
農　林　水　産　基　盤　整　備　事　業　費	614,036,000
社　会　資　本　総　合　整　備　事　業　費	1,392,042,000
推　進　費　等	61,938,000
小　計	6,352,774,076
災　害　復　旧　等　事　業　費	84,008,665
計	6,436,782,741
経　済　協　力　費	511,374,240
中　小　企　業　対　策　費	174,080,036
エ　ネ　ル　ギ　ー　対　策　費	1,684,598,079
食　料　安　定　供　給　関　係　費	2,025,370,020
そ　の　他　の　事　項　経　費	19,598,558,098
〔う　ち　財　政　投　融　資　特　別　会　計〕	〔12,582,898,905〕
新型コロナウイルス感染症及び原油価格・物価高騰対策予備費	4,000,000,000
ウクライナ情勢経済緊急対応予備費	1,000,000,000
復　興　加　速　化・福　島　再　生　予　備　費	100,000,000
予　備　費	1,193,642,500
	(253,642,980,507)
歳　出　合　計	411,194,311,381

(注)　上段(　)書の計数は、国債整理基金特別会計における借換償還額控除後の額である。

12　令和5年度経済見通し主要経済指標

	令和3年度 (実績)	令和4年度 (実績見込み)	令和5年度 (見通し)	対前年度比増減率					
				令和3年度		令和4年度		令和5年度	
	兆円 (名目)	兆円程度 (名目)	兆円程度 (名目)	% (名目)	% (実質)	%程度 (名目)	%程度 (実質)	%程度 (名目)	%程度 (実質)
国　内　総　生　産	550.5	560.2	571.9	2.4	2.5	1.8	1.7	2.1	1.5
民 間 最 終 消 費 支 出	296.2	312.9	323.0	2.7	1.5	5.6	2.8	3.2	2.2
民　間　住　宅	21.1	21.3	21.7	6.3	△ 1.1	0.9	△ 4.0	1.9	1.1
民 間 企 業 設 備	90.1	97.5	103.5	4.7	2.1	8.2	4.3	6.2	5.0
民間在庫変動(　)内は寄与度	1.1	1.9	1.8	(0.4)	(0.3)	(0.1)	(0.1)	(△ 0.0)	(0.0)
財 貨・サ ー ビ ス の 輸 出	103.6	124.2	130.0	22.8	12.3	19.9	4.7	4.7	2.4
(控除)財貨・サービスの輸入	110.4	148.3	156.4	30.1	7.1	34.4	6.9	5.4	2.5
内　需　寄　与　度				3.6	1.8	4.9	2.3	2.5	1.6
民　需　寄　与　度				2.8	1.4	4.5	2.3	2.9	2.1
公　需　寄　与　度				0.8	0.4	0.4	△ 0.0	△ 0.4	△ 0.5
外　需　寄　与　度				△ 1.2	0.8	△ 3.2	△ 0.5	△ 0.4	△ 0.1
国　民　総　所　得	579.8	595.0	609.9	4.1	2.2	2.6	0.6	2.5	1.8
労　働・雇　用	万人	万人程度	万人程度	%		%程度		%程度	
労　働　力　人　口	6,897	6,915	6,920		△ 0.1		0.3		0.1
就　業　者　数	6,706	6,738	6,753		0.1		0.5		0.2
雇　用　者　数	6,013	6,056	6,067		0.2		0.7		0.2
完　全　失　業　率	% 2.8	%程度 2.5	%程度 2.4						
生　産	%	%程度	%程度						
鉱工業生産指数・増減率	5.8	4.0	2.3						
物　価	%	%程度	%程度						
国内企業物価指数・変化率	7.1	8.2	1.4						
消費者物価指数・変化率	0.1	3.0	1.7						
GDP デフレーター・変化率	△ 0.1	0.0	0.6						
国　際　収　支	兆円	兆円程度	兆円程度	%		%程度		%程度	
貿 易・サ ー ビ ス 収 支	△ 6.5	△ 23.7	△ 28.1						
貿　易　収　支	△ 1.6	△ 19.6	△ 23.3						
輸　　　出	85.6	101.6	105.4	25.2		18.7		3.7	
輸　　　入	87.2	121.4	128.7	35.0		39.2		6.1	
経　常　収　支	20.3	8.3	7.3						
経 常 収 支 対 名 目 GDP 比	% 3.7	%程度 1.5	%程度 1.3						

（注1）　消費者物価指数は総合である。

（注2）　上記の諸計数は、現在考えられる内外環境を前提とし、「令和5年度の経済見通しと経済財政運営の基本的態度」（5年1月23日閣議決定）において表明されている経済財政運営の下で想定された5年度の経済の姿を示すものであり、我が国経済は民間活動がその主体をなすものであること、また、特に国際環境の変化には予見しがたい要素が多いことに鑑み、これらの数字はある程度幅を持って考えられるべきものである。

令和5年度予算編成の基本方針

(令和4年12月2日)
(閣　議　決　定)

1. 基本的考え方

① 我が国経済は、コロナ禍からの社会経済活動の正常化が進みつつある中、緩やかな持ち直しが続いている。その一方で、ロシアによるウクライナ侵略を背景とした国際的な原材料価格の上昇や円安の影響等によるエネルギー・食料価格の高騰、欧米各国の金融引締めによる世界的な景気後退懸念など、我が国経済を取り巻く環境には厳しさが増している。

② こうした状況から国民生活と事業活動を守り抜くとともに、景気の下振れリスクに先手を打ち、我が国経済を民需主導の持続的な成長経路に乗せていくため、「物価高・円安への対応」、「構造的な賃上げ」、「成長のための投資と改革」を重点分野とする財政支出39.0兆円・事業規模71.6兆円の「物価高克服・経済再生実現のための総合経済対策」(令和4年10月28日閣議決定)を策定した。

これを速やかに実行に移し、経済対策の効果が最大限に発揮されるよう万全の経済財政運営を行う。

③ 足元の物価高を克服しつつ、新しい資本主義の旗印の下、社会課題の解決に向けた取組を成長のエンジンへと転換し、我が国経済を持続可能で一段高い成長経路に乗せていくため、以下の重点分野について、計画的で大胆な投資を官民連携の下で推進する。

まず、民主導での成長力の強化と「構造的な賃上げ」を目指し、リスキリング支援も含む「人への投資」の抜本強化と成長分野への労働移動の円滑化、地域の中小企業も含めた賃上げ等を進める。

また、科学技術・イノベーション、スタートアップ、グリーントランスフォーメーション(GX)、デジタルトランスフォーメーション(DX)といった成長分野への大胆な投資を、年内に取りまとめられるスタートアップ育成5か年計画やGX促進に向けた今後10年間のロードマップ等に基づき促進する。

④ コロナ禍において、婚姻件数・出生数が急激に減少するなど我が国の少子化は危機的な状況にある。こうした中、「こども家庭庁」を創設し、出産育児一時金の大幅増額を始めとする結婚・妊娠・出産・子育てに至るまで切れ目ないこども・若者・子育て世帯への支援など、少子化対策を含むこどもに関する必要な政策の充実を図り、強力に進めていく。

全ての人が生きがいを感じられ、多様性のある包摂社会を目指し、全世代型社会保障の構築、女性活躍、孤独・孤立対策、就職氷河期世代への支援等に取り組む。

⑤ ロシアによるウクライナ侵略も含め、国際情勢・安全保障環境が激変する中、来年のG7広島サミットや日本ASEAN友好協力50周年特別首脳会議の開催、国連安保理非常任理事国を務めることも見据え、機動的で力強い新時代リアリズム外交を展開するとともに、防衛力を5年以内に抜本的に強化する。防衛力の抜本的強化については、必要となる防衛力の内容の検討、そのための予算規模の把握及び財源の確保を一体的かつ強力に進め、年末に改定される新たな「国家安全保障戦略」等に基づいて計画的に整備を進める。

⑥ 国際情勢の変化に対応したサプライチェーンの再構築・強靱化が急務となる中、円安のメリットもいかし、企業の国内回帰など国内での「攻めの投資」、輸出拡大の推進により、我が国の経済構造の強靱化を図るとともに、半導体を始めとする重要な物資の安定供給の

確保や先端的な重要技術の育成等による経済安全保障の推進、食料安全保障及びエネルギー安全保障の強化を図る。

⑦　新型コロナウイルス感染症対策について、ウィズコロナの下、国民の命と健康を守りながら、感染拡大防止と社会経済活動の両立を図る。次の感染症危機に備え、司令塔機能の強化に取り組む。

⑧　防災・減災、国土強靱化の取組を強力に推進するとともに、これまでの成果や経験をいかし、更なる取組を推進するための次期国土強靱化基本計画の検討を進め、中長期的かつ継続的に取り組む。

　東日本大震災からの復興・創生、交通・物流インフラの整備、農林水産業の振興、質の高い教育の実現、観光や文化・芸術・スポーツの振興、2050 年カーボンニュートラルを目指したグリーン社会の実現等に取り組み、デジタル田園都市国家構想の実現に向けた取組と併せて地方活性化に向けた基盤づくりを推進する。

⑨　経済財政運営に当たっては、経済の再生が最優先課題である。経済あっての財政であり、順番を間違えてはならない。必要な政策対応に取り組み、経済をしっかり立て直す。そして、財政健全化に向けて取り組む。政策の長期的方向性や予見可能性を高めるよう、単年度主義の弊害を是正し、国家課題に計画的に取り組む。

2. 予算編成についての考え方

①　令和 5 年度予算編成に当たっては、令和 4年度第 2 次補正予算と一体として、上記の基本的考え方及び「経済財政運営と改革の基本方針 2022」(令和 4 年 6 月 7 日閣議決定。以下「骨太方針 2022」という。)に沿って、足元の物価高を克服しつつ、経済再生の実現に向け、人への投資、科学技術・イノベーション、スタートアップ、ＧＸ、ＤＸといった成長分野への大胆な投資、少子化対策・こども政策の充実等を含む包摂社会の実現等による新しい資本主義の加速や、外交・安全保障環境の変化への対応、防災・減災、国土強靱化等の国民の安全・安心の確保を始めとした重要な政策課題について必要な予算措置を講ずるなど、メリハリの効いた予算編成を行い、その政策効果を国民や地方の隅々まで速やかに届け、我が国経済を持続可能で一段高い成長経路に乗せていくことを目指す。

②　その際、骨太方針 2022 で示された「本方針及び骨太方針 2021 に基づき、経済・財政一体改革を着実に推進する。ただし、重要な政策の選択肢をせばめることがあってはならない」との方針を踏まえる。

③　歳出の中身をより結果につながる効果的なものとするため、骨太方針 2022 を踏まえ、新経済・財政再生計画の改革工程表を策定し、ＥＢＰＭやＰＤＣＡの取組を推進し、効果的・効率的な支出(ワイズスペンディング)を徹底する。

令和5年度財政投融資計画の説明

この説明及び付表は、国会における予算審議の便に供するため早急に作成したので、計数その他訂正を要する場合もあることを了承されたい。

　また、4年度の計数は、特に説明のない限り、当初計画の額である。

　なお、計数は、原則としてそれぞれ四捨五入によっているので、端数において合計とは合致しないものがある。

（符号：原則として「0」＝単位未満、「―」＝皆無）

目　　　　　次

令和5年度財政投融資計画の説明

第1　総　　説

1　財政投融資計画策定の基本的考え方

　5年度財政投融資計画の策定にあたっては、新型コロナウイルス感染症に加え、物価高騰の影響も重なって厳しい状況にある事業者への資金繰り支援に引き続き万全を期すとともに、「新しい資本主義」の加速や外交・安全保障環境の変化への対応等を行うこととした。

　この結果、5年度財政投融資計画の規模は、162,687億円（4年度計画比13.9％減）となっている。このうち、産業投資は4,298億円（4年度計画比31.8％増）となっている。

　最近における財政投融資計画の規模の推移は、次のとおりである。

	金　　額 （億円）	対前年度伸率 （％）
元年度	131,194	△　　9.3
2年度	132,195	0.8
3年度	409,056	209.4
4年度	188,855	△　53.8
5年度	162,687	△　13.9

　なお、経済事情の変動等に応じ、機動的かつ弾力的に対処するため、政府関係機関、独立行政法人等に対して、財政融資資金の長期運用予定額及び債務に係る政府保証の限度額を年度内に50％の範囲内で増額しうるよう、弾力条項を設けることとした。ただし、財政融資資金の長期運用予定額の追加の総額に25％の上限を設けることとした。

2　重　要　施　策

　事業者への資金繰り支援については、株式会社日本政策金融公庫、沖縄振興開発金融公庫及び独立行政法人福祉医療機構において、新型コロナウイルス感染症に加え、物価高騰の影響も重なって厳しい状況にある事業者への資金繰り支援に引き続き万全を期すこととしている。

　「新しい資本主義」の加速については、「人への投資」への取組として、株式会社日本政策投資銀行において、人的資本に関する非財務情報に着目した融資制度を強化し、企業の人的資本に対する取組を促すこととするほか、株式会社日本政策金融公庫及び沖縄振興開発金融公庫において、「健康経営優良法人」と認定された中小企業等を支援することとしている。このほか、日本私立学校振興・共済事業団において、デジタル・グリーン等の成長分野をけん引する高度専門人材の育成に向けて大学の学部再編等を支援することとしている。また、スタートアップへの取組として、株式会社日本政策金融公庫及び沖縄振興開発金融公庫において、高い成長性が見込まれるスタートアップを対象とする融資制度の活用等により、スタートアップへの金融支援を強化することとするほか、株式会社日本政策投資銀行において、「ＤＢＪスタートアップ・イノベーションファンド」を活用するなど、スタートアップ及びベンチャーキャピタルへの資金供給を強化することとしている。さらに、ＧＸ（グリーン・トランスフォーメーション）への取組として、株式会社脱炭素化支援機構において、民間企業等による脱炭素化に向けた意欲的な事業活動を支援することとするほか、独立行政法人住宅金融支援機構において、グリーン債を発行することにより、省エネルギー性に優れた住宅の普及を促進することとしている。

　外交・安全保障環境の変化への対応については、株式会社国際協力銀行において、我が国企業のサプライチェーン強靱化や、グリーン・デジタルなど先端分野における我が国企業の海外

展開を支援することとするほか、独立行政法人エネルギー・金属鉱物資源機構において、我が国企業の天然ガスやレアメタル等の金属鉱物資源の安定的な供給等の取組を支援することとしている。このほか、株式会社日本政策金融公庫において、半導体や蓄電池等の重要な物資の安定供給確保を図る事業者の長期・大規模な資金需要に的確に対応することとしている。

地方公共団体向けについては、地方債計画に基づき、社会資本整備や災害復旧を中心に、地方公共団体の円滑な資金調達に貢献する観点から、必要な資金需要に的確に対応することとしている。

なお、各分野の措置状況は以下のとおりである。

（1）中小零細企業

中小零細企業については、49,715億円（4年度35,667億円）の財政投融資を予定し、これにより、株式会社日本政策金融公庫において、新型コロナウイルス感染症等により厳しい状況にある中小企業等の資金繰り支援に引き続き万全を期すとともに、経営転換、事業再構築の取組、スタートアップ等や生産性向上に資する設備投資等を支援すること等としている。

（2）農林水産業

農林水産業については、7,962億円（4年度6,988億円）の財政投融資を予定し、これにより、株式会社日本政策金融公庫において、民間金融機関との協調や経営アドバイザー制度等のコンサルティング業務等の取組を引き続き推進しつつ、新型コロナウイルス感染症や物価・燃料価格高騰等の影響を受けた農林漁業者の資金繰り支援に万全を期すとともに、スマート農林水産業への転換や輸出基盤強化のための支援など、農林水産業の生産基盤強化や成長産業化を目的とした設備投資等への資金需要に的確に対応すること等としている。

（3）教育

教育については、8,047億円（4年度56,706億円）の財政投融資を予定し、これにより、

独立行政法人日本学生支援機構において、進学意欲のある学生等に対し、貸付規模として所要の額を確保することとするほか、日本私立学校振興・共済事業団において、デジタル・グリーン等の成長分野をけん引する高度専門人材の育成に向けて大学の学部再編等を支援すること等としている。

（4）福祉・医療

福祉・医療については、4,362億円（4年度10,440億円）の財政投融資を予定し、これにより、独立行政法人福祉医療機構において、福祉医療サービスの基盤強化の観点から、児童福祉施設、老人福祉施設及び医療関連施設の整備等を推進するとともに、新型コロナウイルス感染症等により影響を受けた福祉・医療事業者の資金繰りを支援すること等としている。

（5）環境

環境については、1,007億円（4年度927億円）の財政投融資を予定し、これにより、株式会社脱炭素化支援機構において、カーボンニュートラルの実現に欠かせない民間による自発的な事業活動をあらゆる分野で誘発するため、脱炭素化に資する事業活動への資金供給を的確に行うこと等としている。

（6）産業・イノベーション

産業・イノベーションについては、10,521億円（4年度10,086億円）の財政投融資を予定し、これにより、株式会社日本政策投資銀行において、様々な産業における技術開発やポストコロナを見据えたイノベーションに関する取組等に資金を供給するほか、「ＤＢＪスタートアップ・イノベーションファンド」を活用するなど、スタートアップ及びベンチャーキャピタルへの資金供給を強化することにより、スタートアップの創出・育成やオープンイノベーションを推進すること等としている。

（7）住宅

住宅については、7,681億円（4年度8,148億円）の財政投融資を予定し、これにより、独立行政法人都市再生機構において、老朽化

した賃貸住宅の建替え及び既存賃貸住宅ストックの有効活用を図るための増改築事業等を推進することとするほか、独立行政法人住宅金融支援機構において、グリーン債を発行することにより、省エネルギー性に優れた住宅の普及の促進を支援すること等としている。

（8）社　会　資　本

社会資本については、29,211億円（4年度26,341億円）の財政投融資を予定し、これにより、独立行政法人日本高速道路保有・債務返済機構において、承継債務の円滑な償還・利払い等を実施すること等としている。

（9）海外投融資等

海外投融資等については、35,430億円（4年度24,718億円）の財政投融資を予定し、これにより、株式会社国際協力銀行において、我が国企業のサプライチェーン強靱化や、グリーン・デジタルなど先端分野における我が国企業の海外展開を支援すること等としている。

る。

3　原　　　　　資

5年度財政投融資の原資としては、4年度計画額に対し26,168億円（13.9％）減の162,687億円を計上している。

財政融資については、財政融資資金127,099億円を計上している。

財政融資資金の資金調達に関しては、新たな貸付け及び既往の貸付けの継続に必要な財源として、5年度において、財政投融資特別会計国債120,000億円の発行を予定している。

産業投資については、株式会社国際協力銀行等の納付金、日本たばこ産業株式会社及び日本電信電話株式会社等の配当金等を見込むことにより、4,298億円を計上している。

政府保証については、政府保証国内債17,825億円、政府保証外債13,065億円、政府保証外貨借入金400億円の合計31,290億円を計上している。

機 関 名	財 政 融 資	産 業 投 資	政 府 保 証	合 計	参 考 自己資金等	再 計
（特 別 会 計）						
食料安定供給特別会計	8	—	—	8	103	111
エネルギー対策特別会計	83	—	—	83	15,292	15,375
自動車安全特別会計	1,185	—	—	1,185	641	1,826
（政 府 関 係 機 関）						
株式会社日本政策金融公庫	60,687	288	—	60,975	(2,900) 26,380	87,355
沖縄振興開発金融公庫	1,994	70	—	2,064	(100) 384	2,448
株式会社国際協力銀行	9,810	900	9,010	19,720	(200) 6,780	26,500
独立行政法人国際協力機構	10,431	—	2,255	12,686	(800) 6,254	18,940
（独 立 行 政 法 人 等）						
全国土地改良事業団体連合会	13	—	—	13	17	30
日本私立学校振興・共済事業団	272	—	—	272	303	575
独立行政法人日本学生支援機構	5,881	—	—	5,881	(1,200) 69	5,950
国立研究開発法人科学技術振興機構	—	—	—	—	—	—
独立行政法人福祉医療機構	2,642	—	—	2,642	(200) 533	3,175
独立行政法人国立病院機構	286	—	—	286	74	360
国立研究開発法人国立成育医療研究センター	9	—	—	9	—	9
国立研究開発法人国立長寿医療研究センター	2	—	—	2	—	2
独立行政法人大学改革支援・学位授与機構	758	—	—	758	(50) 46	804
独立行政法人鉄道建設・運輸施設整備支援機構	439	12	—	451	(530) 1,937	2,388
独立行政法人住宅金融支援機構	307	—	2,200	2,507	(21,745) 21,909	24,416
独立行政法人都市再生機構	5,000	—	—	5,000	(1,100) 8,856	13,856

政 投 融 資 計 画

財政融資	産業投資	政府保証	合　計	参　　考 自己資金等	再　　計
8	—	—	8	136	144
104	—	—	104	14,883	14,987
1,645	—	—	1,645	104	1,749
47,927	189	—	48,116	(2,900) 59,758	107,874
2,217	26	—	2,243	(100) 704	2,947
4,010	850	11,200	16,060	(200) 6,940	23,000
5,237	—	1,180	6,417	(800) 7,783	14,200
9	—	—	9	9	18
221	—	—	221	349	570
5,849	—	—	5,849	(1,200) 359	6,208
48,889	—	—	48,889	(200) 200	49,089
8,565	—	—	8,565	(200) 207	8,772
111	—	—	111	162	273
10	—	—	10	—	10
2	—	—	2	—	2
511	—	—	511	(50) 45	556
2,370	31	—	2,401	(800) 2,073	4,474
349	—	2,200	2,549	(23,772) 22,366	24,915
5,124	—	—	5,124	(1,100) 8,429	13,553

| 機　関　名 | 5　　　年　　　度 | | | | 参　　考 | |
	財 政 融 資	産 業 投 資	政 府 保 証	合　　計	自己資金等	再　　計
独立行政法人日本高速道路保有・債務返済機構	—	—	12,530	12,530	(3,900) 26,214	38,744
独立行政法人水資源機構	4	—	—	4	(100) 1,286	1,290
国立研究開発法人森林研究・整備機構	46	—	—	46	277	323
独立行政法人エネルギー・金属鉱物資源機構	4	1,392	—	1,396	803	2,199
（地 方 公 共 団 体）						
地 方 公 共 団 体	24,238	—	—	24,238	70,756	94,994
（特 殊 会 社 等）						
株式会社脱炭素化支援機構	—	400	—	400	200	600
株式会社日本政策投資銀行	3,000	400	3,500	6,900	(6,400) 17,900	24,800
一般財団法人民間都市開発推進機構	—	—	350	350	100	450
中部国際空港株式会社	—	—	161	161	(97) 157	318
株式会社民間資金等活用事業推進機構	—	—	500	500	300	800
株式会社海外需要開拓支援機構	—	80	—	80	200	280
株式会社海外交通・都市開発事業支援機構	—	512	575	1,087	51	1,138
株式会社海外通信・放送・郵便事業支援機構	—	244	209	453	—	453
合　　　　計	127,099	4,298	31,290	162,687	(39,322)	

1　財政投融資計画の運用に当たっては、経済事情の変動等に応じ、国会の議決の範囲内で財政融資又は政府保証
2　「産業競争力強化法」（平25法98）第112条第1項の規定により、株式会社産業革新投資機構が、同法第2条第
　　当該特定政府出資会社の計画残額は、株式会社産業革新投資機構に承継されるものとする。
（注）1　「財政融資」、「産業投資」及び「政府保証」は、それぞれ「財政融資資金の長期運用に対する特別措置に関す
　　　　　務保証である。
　　　2　「4年度」欄は、4年度当初計画額である。
　　　3　「自己資金等」欄の（　）書は、財投機関債（独立行政法人等が民間金融市場において個別に発行する政府保
　　　4　「参考」欄の計数は、それぞれ四捨五入によっている。

（単位　億円）

<table>
<tr><th colspan="4">4　　　　　年　　　　　度</th><th colspan="2">参　　　　考</th></tr>
<tr><th>財政融資</th><th>産業投資</th><th>政府保証</th><th>合　計</th><th>自己資金等</th><th>再　　計</th></tr>
<tr><td>2,000</td><td>—</td><td>1,200</td><td>3,200</td><td>(2,000)
41,418</td><td>44,618</td></tr>
<tr><td>14</td><td>—</td><td>—</td><td>14</td><td>(70)
1,299</td><td>1,313</td></tr>
<tr><td>49</td><td>—</td><td>—</td><td>49</td><td>270</td><td>319</td></tr>
<tr><td>3</td><td>546</td><td>—</td><td>549</td><td>740</td><td>1,289</td></tr>
<tr><td>26,264</td><td>—</td><td>—</td><td>26,264</td><td>75,550</td><td>101,814</td></tr>
<tr><td>—</td><td>200</td><td>—</td><td>200</td><td>40</td><td>240</td></tr>
<tr><td>3,000</td><td>500</td><td>3,500</td><td>7,000</td><td>(6,300)
18,900</td><td>25,900</td></tr>
<tr><td>—</td><td>—</td><td>350</td><td>350</td><td>100</td><td>450</td></tr>
<tr><td>—</td><td>—</td><td>231</td><td>231</td><td>(50)
55</td><td>286</td></tr>
<tr><td>—</td><td>—</td><td>500</td><td>500</td><td>300</td><td>800</td></tr>
<tr><td>—</td><td>90</td><td>—</td><td>90</td><td>200</td><td>290</td></tr>
<tr><td>—</td><td>580</td><td>589</td><td>1,169</td><td>58</td><td>1,227</td></tr>
<tr><td>—</td><td>250</td><td>155</td><td>405</td><td>—</td><td>405</td></tr>
<tr><td>164,488</td><td>3,262</td><td>21,105</td><td>188,855</td><td>(39,742)</td><td></td></tr>
</table>

を増額することができる。

27 項に規定する特定政府出資会社の政府が保有する株式の全部を譲り受けた場合には、

る法律」（昭 48 法 7）第 5 条第 2 項第 1 号、第 2 号及び第 3 号に掲げる運用、投資及び債

証のない公募債券をいう。）の発行により調達する金額を内書したものである。

Ⅱ 令 和 5 年 度 財 政

	5 年 度(億円)	4 年 度(億円)
財　政　融　資	127,099	164,488
財　政　融　資　資　金	127,099	164,488
産　業　投　資	4,298	3,262
財政投融資特別会計投資勘定	4,298	3,262

(注) 1　4年度欄の金額は、当初計画額である。
　　　2　財政融資資金による上記の新たな貸付け及び既往の貸付けの継続に必要な財源として、5年度において、財政

Ⅲ 令 和 5 年 度 財 政 投

区　　　分	5 年 度 財政融資	産業投資	政府保証	合　　計
(1) 中 小 零 細 企 業	49,429	286	―	49,715
(2) 農 林 水 産 業	7,932	30	―	7,962
(3) 教　　　育	8,047	―	―	8,047
(4) 福 祉 ・ 医 療	4,362	―	―	4,362
(5) 環　　　境	607	400	―	1,007
(6) 産業・イノベーション	6,579	442	3,500	10,521
(7) 住　　　宅	5,481	―	2,200	7,681
(8) 社 会 資 本	15,670	―	13,541	29,211
(9) 海 外 投 融 資 等	20,241	3,140	12,049	35,430
(10) そ の 他	8,751	―	―	8,751
合　　計	127,099	4,298	31,290	162,687

(注)　本表は、「財政融資資金法」(昭26法100)第11条第2項に基づき4年12月21日に財政制度等審議会に提出

投 融 資 原 資 見 込

	5 年 度(億円)	4 年 度(億円)
政 府 保 証	31,290	21,105
政 府 保 証 国 内 債	17,825	6,525
政 府 保 証 外 債	13,065	14,180
政 府 保 証 外 貨 借 入 金	400	400
合 計	162,687	188,855

投融資特別会計国債 12.0 兆円(4 年度予算 25.0 兆円)の発行を予定している。

融 資 使 途 別 分 類 表

(単位 億円)

	4	年	度		
	財 政 融 資	産 業 投 資	政 府 保 証	合 計	
	35,475	192	―	35,667	
	6,988	―	―	6,988	
	56,706	―	―	56,706	
	10,440	―	―	10,440	
	727	200	―	927	
	6,062	523	3,500	10,086	
	5,948	―	2,200	8,148	
	24,060	―	2,281	26,341	
	9,247	2,347	13,124	24,718	
	8,836	―	―	8,836	
	164,488	3,262	21,105	188,855	

されたものである。

第2 運　用

1 特別会計

（1）食料安定供給特別会計

	5年度(億円)	4年度(億円)
財政投融資	8	8

　この会計は、農業経営安定事業、食糧の需給及び価格の安定のために行う事業、農業再保険事業等、漁船再保険事業及び漁業共済保険事業に関する政府の経理を明確にすることを目的としている。

　また、「土地改良法」（昭24法195)に基づく国営土地改良事業及び土地改良関係受託工事等に関する経理を行うため設けられた国営土地改良事業特別会計が20年度より一般会計に統合されたことに伴い、10年度以前に事業費の一部について借入金をもって財源とすることで新規着工した地区のうち19年度末までに工事が完了しなかった地区における事業(以下「未完了借入事業」という。)について、当該事業が完了するまでの間、借入金をもってその財源とすることができるよう、20年度から未完了借入事業の工事の全部が完了する年度までの間の経過措置として国営土地改良事業勘定が設けられている。

　この会計において、財政投融資の対象となっているのは、「土地改良法」（昭24法195)に基づき国が行う土地改良事業のうち、未完了借入事業である。

　5年度においては、未完了借入事業については、土地改良事業4地区の工事を施行することとし、総額111億円（4年度144億円）の事業費を計上している。

　事業計画の内訳は、次のとおりである。

	5年度(億円)	4年度(億円)
土地改良事業費	47	62
土地改良事業工事諸費	8	9
国債整理基金特別会計へ繰入等	57	72
合　　計	111	144

　この計画に必要な資金として、財政投融資8億円を予定するほか、自己資金等103億円を見込んでいる。

　資金調達の内訳は、次のとおりである。

	5年度(億円)	4年度(億円)
財政投融資	8	8
財政融資資金借入金	8	8
自己資金等	103	136
一般会計より受入	45	59
土地改良事業費負担金収入	57	75
雑収入等	2	1
合　　計	111	144

（2）エネルギー対策特別会計

	5年度(億円)	4年度(億円)
財政投融資	83	104

　この会計は、燃料安定供給対策、エネルギー需給構造高度化対策、電源立地対策、電源利用対策、原子力安全規制対策及び原子力損害賠償支援対策の経理を明確にすることを目的としている。

　この会計において、財政投融資の対象となっているのは、石油及び石油ガスに係る国家備蓄事業のうち、石油及び石油ガス国家備蓄基地施設の改良・更新工事等に必要な経費である。

　5年度においては、国家石油備蓄基地に係る資本的支出として83億円の事業費を計上しており、このほか国家備蓄石油購入及び国家備蓄基地建設に係る借入金の償還等15,292億円を含め、総額15,375億円（4年度14,987億円）の事業費を計上している。

　これに必要な資金として、財政投融資83億円を予定するほか、自己資金等15,292億円を見込んでいる。

　資金調達の内訳は、次のとおりである。

	5年度(億円)	4年度(億円)
財政投融資	83	104
財政融資資金借入金	83	104
自己資金等	15,292	14,883
石油証券	13,115	12,706

	5年度(億円)	4年度(億円)
民 間 借 入 金	2,177	2,177
合　　　計	15,375	14,987

（3）　自動車安全特別会計（空港整備勘定）

	5年度(億円)	4年度(億円)
財 政 投 融 資	1,185	1,645

この会計は、自動車損害賠償保障事業及び自動車検査登録等事務に関する政府の経理を明確にすること等を目的としている。

また、「特別会計に関する法律等の一部を改正する等の法律」（平25法76）に基づく社会資本整備事業特別会計の廃止に伴い、空港整備事業等に関する経理を26年度から借入金償還完了年度の末日までの間、空港整備勘定において行うこととしている。

この会計において、財政投融資の対象となっているのは、空港整備事業である。

5年度においては、東京国際空港（羽田）をはじめとする空港インフラ等の整備を実施することとし、総額1,826億円の事業費を計上している。

これに必要な資金として、財政投融資1,185億円を予定するほか、自己資金等641億円を見込んでいる。

資金調達の内訳は、次のとおりである。

	5年度(億円)	4年度(億円)
財 政 投 融 資	1,185	1,645
財政融資資金借入金	1,185	1,645
自 己 資 金 等	641	104
一般会計より受入	273	315
国債整理基金特別会計へ繰入等	368	△　211
合　　　計	1,826	1,749

2　政府関係機関

（1）　株式会社日本政策金融公庫

	5年度(億円)	4年度(億円)
財 政 投 融 資	60,975	48,116

この公庫は、一般の金融機関が行う金融を補完することを旨としつつ、国民一般、中小企業者及び農林水産業者の資金調達を支援するための金融の機能を担うとともに、内外の金融秩序の混乱又は大規模な災害、テロリズム若しくは感染症等による被害に対処するために必要な金融を行うほか、当該必要な金融が銀行その他の金融機関により迅速かつ円滑に行われることを可能とし、もって国民生活の向上に寄与することを目的としている。

また、「エネルギー環境適合製品の開発及び製造を行う事業の促進に関する法律」（平22法38）に基づく、エネルギー環境適合製品の開発事業等のうち、我が国産業活動の発達及び改善に特に資するものに必要な資金、「産業競争力強化法」（平25法98）に基づく、事業再編又は事業適応に必要な資金、「特定高度情報通信技術活用システムの開発供給及び導入の促進に関する法律」（令2法37）に基づく、5G情報通信インフラの普及等を図るために必要な資金、「造船法」（昭25法129）に基づく、生産性向上のための基盤整備等に必要な資金、「海上運送法」（昭24法187）に基づく、競争力強化の観点からの高性能、高品質な船舶の導入に必要な資金並びに「経済施策を一体的に講ずることによる安全保障の確保の推進に関する法律」（令4法43）に基づく、特定重要物資等の安定供給確保のために必要な資金について、金融機関に対し、貸付けを行うことができることとされている。

（イ）　国民一般向け業務

	5年度(億円)	4年度(億円)
財 政 投 融 資	30,718	23,020

5年度においては、新型コロナウイルス感染症等により厳しい状況にある小規模事業者の資金繰り支援に引き続き万全を期すとともに、経営転換、事業再構築の取組、スタートアップ等や生産性向上に資する設備投資等を支援するほか、東日本大震災等による被災小規模事業者等の経営安定等を図るため、必要とする資金需要に的確に対応することとし、普通貸付（小規模事業者経営改善資金貸付を除く。）の貸付規模として40,230億円（4年度51,500億円）を計上している。

また、小規模事業者の経営改善に資することや事業の持続的な発展を目的とする小規模事業者経営改善資金貸付については、その貸付規模として3,950億円（4年度3,930億円）を計上している。

次に、生活衛生資金貸付については、生活衛生関係営業者に対し、衛生施設の改善、近代化等に必要な資金の貸付け（小規模事業者の経営改善に資するための生活衛生関係営業経営改善資金特別貸付72億円を含む。）を行うため、貸付規模として1,500億円（4年度1,720億円）を計上している。

このほか、教育資金貸付、恩給担保貸付等を合わせ、総額47,490億円（4年度58,960億円）の貸付規模を計上している。

貸付計画の内訳は、次のとおりである。

	5年度（億円）	4年度（億円）
普 通 貸 付	44,180	55,430
小規模事業者経営改善資金貸付を除く普通貸付	40,230	51,500
小規模事業者経営改善資金貸付	3,950	3,930
生活衛生資金貸付	1,500	1,720
うち生活衛生関係営業経営改善資金特別貸付	(72)	(74)
恩 給 担 保 貸 付	9	9
記名国債担保貸付	1	1
教 育 資 金 貸 付	1,800	1,800
合 計	47,490	58,960

この計画に必要な資金として、財政投融資30,718億円を予定するほか、自己資金等16,772億円を見込んでいる。

なお、自己資金等のうち、財投機関債として1,700億円を見込んでいる。

資金調達の内訳は、次のとおりである。

	5年度（億円）	4年度（億円）
財 政 投 融 資	30,718	23,020
財政融資資金借入金	30,700	23,000
財政投融資特別会計投資勘定出資金	18	20
自 己 資 金 等	16,772	35,940
財 投 機 関 債	1,700	1,700
回 収 金 等	15,072	34,240
合 計	47,490	58,960

（ロ）　農林水産業者向け業務

	5年度（億円）	4年度（億円）
財 政 投 融 資	7,660	6,270

5年度においては、民間金融機関との協調や経営アドバイザー制度等のコンサルティング業務等の取組を引き続き推進しつつ、新型コロナウイルス感染症や物価・燃料価格高騰等の影響を受けた農林漁業者の資金繰り支援に万全を期すとともに、スマート農林水産業への転換や輸出基盤強化のための支援など、農林水産業の生産基盤強化や成長産業化を目的とした設備投資等への資金需要に的確に対応することとし、総額8,190億円（4年度7,100億円）の貸付規模を計上している。

貸付計画（契約ベース）の内訳は、次のとおりである。

	5年度（億円）	4年度（億円）
経 営 構 造 改 善	4,405	4,405
基 盤 整 備	462	428
一 般 施 設	1,200	1,281
経 営 維 持 安 定	2,023	886
災 害	100	100
合 計	8,190	7,100

この計画のうち、7,352億円が5年度中に貸し付けられる予定であり、これに4年度の計画のうち、5年度に資金交付が行われる予定となっている548億円を加えると、5年度の資金交付額は7,900億円（4年度7,170億円）となる。

この資金交付に必要な資金として、財政投融資7,660億円を予定するほか、自己資金等240億円を見込んでいる。

なお、自己資金等のうち、財投機関債として200億円を見込んでいる。

資金調達の内訳は、次のとおりである。

	5年度（億円）	4年度（億円）
財 政 投 融 資	7,660	6,270
財政融資資金借入金	7,630	6,270
財政投融資特別会計投資勘定出資金	30	—
自 己 資 金 等	240	900
財 投 機 関 債	200	200
回 収 金 等	40	700
合 計	7,900	7,170

（ハ）　中小企業者向け業務

	5年度(億円)	4年度(億円)
財 政 投 融 資	19,240	11,969

　5年度においては、新型コロナウイルス感染症等により厳しい状況にある中小企業の資金繰り支援に引き続き万全を期すとともに、経営転換、事業再構築の取組、スタートアップ等や生産性向上に資する設備投資等を支援するほか、東日本大震災等による被災中小企業者等の経営安定等を図るため、必要とする資金需要に的確に対応することとし、融資事業の貸付規模として27,400億円(4年度33,700億円)を計上している。

　このほか、証券化支援買取事業については、民間金融機関の中小企業向け無担保融資等を促進するための事業規模500億円(4年度450億円)を計上し、融資事業と合わせ、総額27,900億円(4年度34,150億円)の事業規模を計上している。

　事業計画の内訳は、次のとおりである。

	5年度(億円)	4年度(億円)
公 庫 貸 付	27,400	33,700
証券化支援買取事業	500	450
合　　　計	27,900	34,150

　この計画のうち、融資事業の貸付規模27,400億円に、証券化支援買取事業に必要な資金208億円(4年度187億円)を加えると、5年度の資金交付額は27,608億円(4年度33,887億円)となる。

　この資金交付に必要な資金として、財政投融資19,240億円を予定するほか、自己資金等8,368億円を見込んでいる。

　なお、自己資金等のうち、財投機関債として1,000億円を見込んでいる。

　資金調達の内訳は、次のとおりである。

	5年度(億円)	4年度(億円)
財 政 投 融 資	19,240	11,969
財政融資資金借入金	19,000	11,800
財政投融資特別会計投資勘定出資金	240	169
自 己 資 金 等	8,368	21,918
財 投 機 関 債	1,000	1,000
回 収 金 等	7,368	20,918

合　　　計	27,608	33,887

（ニ）　危機対応円滑化業務

	5年度(億円)	4年度(億円)
財 政 投 融 資	990	4,740

　5年度においては、内外の金融秩序の混乱又は大規模な災害、テロリズム若しくは感染症等による被害に対処するために必要な金融が、銀行その他の金融機関により迅速かつ円滑に行われるよう、必要とする資金需要に的確に対応することとし、貸付規模として1,990億円(4年度5,740億円)を計上している。

　このうち、通常災害等向けとして990億円を計上するとともに、セーフティネット機能を補完するため、1,000億円を確保することにより、大規模な災害等の資金需要に十分な対応をすることとしている。

　これに必要な資金として、財政投融資990億円を予定するほか、自己資金等1,000億円を見込んでいる。

　資金調達の内訳は、次のとおりである。

	5年度(億円)	4年度(億円)
財 政 投 融 資	990	4,740
財政融資資金借入金	990	4,740
自 己 資 金 等	1,000	1,000
回 収 金 等	1,000	1,000
合　　　計	1,990	5,740

（ホ）　特定事業等促進円滑化業務

	5年度(億円)	4年度(億円)
財 政 投 融 資	2,367	2,117

　5年度においては、エネルギー環境適合製品を開発又は製造する事業のうち我が国産業活動の発達及び改善に特に資するもの、事業再編又は事業適応の実施、5G情報通信インフラの普及等を図るもの、造船事業者等による生産性向上のための基盤整備等の実施、船舶運航事業者等による競争力強化の観点からの高性能、高品質な船舶の導入並びに特定重要物資等の安定供給確保のために必要な資金の貸付けが、銀行その他の金融機関により円滑に行われるよう、必要とする資金需要に的確に対応することとし、2,367億円(4年度

2,117 億円)の貸付規模を計上している。

　これに必要な資金として、財政投融資2,367 億円を予定している。

　資金調達の内訳は、次のとおりである。

	5年度(億円)	4年度(億円)
財政投融資	2,367	2,117
財政融資資金借入金	2,367	2,117

（2）　沖縄振興開発金融公庫

	5年度(億円)	4年度(億円)
財政投融資	2,064	2,243

　この公庫は、沖縄における産業の開発を促進するため、長期資金を供給すること等により、一般の金融機関が行う金融及び民間の投資を補完し、又は奨励するとともに、沖縄の国民大衆、住宅を必要とする者、農林漁業者、中小企業者、病院その他の医療施設を開設する者、生活衛生関係の営業者等に対する資金で、一般の金融機関が供給することを困難とするものを供給し、もって沖縄における経済の振興及び社会の開発に資することを目的としている。

　5年度においては、新型コロナウイルス感染症等により厳しい状況にある中小企業等の資金繰り支援に引き続き万全を期すとともに、経営転換、事業再構築の取組、スタートアップ等や生産性向上に資する設備投資等を支援するほか、「沖縄振興特別措置法」（平14法14)等に基づく沖縄の自立的発展に向けた政策金融の取組を推進し、県内産業の育成、産業・社会基盤の整備、中小企業や小規模事業者等の経営基盤強化等を支援するための措置を講じることとし、産業開発資金1,000 億円、中小企業等資金1,000億円、住宅資金50 億円等、総額2,295 億円（4年度2,930 億円)の貸付規模を計上している。

　このほか、沖縄におけるリーディング産業の育成支援等のための出資37 億円を合わせ、総額2,332 億円（4年度2,951 億円)の出融資規模を計上している。

　事業計画（契約ベース)の内訳は、次のとおりである。

	5年度(億円)	4年度(億円)
貸　　　付	2,295	2,930
産業開発資金	1,000	770
中小企業等資金	1,000	1,710
住　宅　資　金	50	50
農林漁業資金	85	110
医療・生活衛生資金	160	290
出　　　資	37	21
合　　　計	2,332	2,951

　この計画のうち、1,788 億円が5年度中に貸し付けられ、37 億円が出資される予定であり、これに3年度及び4年度の計画のうち、5年度に資金交付が行われる予定になっている624 億円を加えると、5年度の資金交付額は2,448 億円（4年度2,947 億円)となる。

　この資金交付に必要な資金として、財政投融資2,064 億円を予定するほか、自己資金等384億円を見込んでいる。

　なお、自己資金等のうち、財投機関債として100 億円を見込んでいる。

　資金調達の内訳は、次のとおりである。

	5年度(億円)	4年度(億円)
財政投融資	2,064	2,243
財政融資資金借入金	1,994	2,217
財政投融資特別会計投資勘定出資金	70	26
自己資金等	384	704
財投機関債	100	100
沖縄振興開発金融公庫住宅宅地債券	7	7
回収金等	277	596
合　　　計	2,448	2,947

（3）　株式会社国際協力銀行

	5年度(億円)	4年度(億円)
財政投融資	19,720	16,060

　この銀行は、一般の金融機関が行う金融を補完することを旨としつつ、我が国にとって重要な資源の海外における開発及び取得を促進し、我が国の産業の国際競争力の維持及び向上を図り、並びに地球温暖化の防止等の地球環境の保全を目的とする海外における事業を促進するための金融の機能を担うとともに、国際金融秩序の混乱の防止又はその被害への対処に必要な金融を行い、もって我が国及び国際経済社会の健全な発展に寄与することを目的としている。

5年度においては、我が国企業のサプライチェーン強靱化や、グリーン・デジタルなど先端分野における我が国企業の海外展開を支援すること等とし、総額26,500億円（4年度23,000億円）の事業規模を計上している。

事業計画の内訳は、次のとおりである。

	5年度(億円)	4年度(億円)
一 般 業 務	25,000	22,000
輸　　　出	3,000	3,000
輸 入 ・ 投 資	16,000	14,500
事 業 開 発 等	4,500	3,000
出　　　資	1,500	1,500
特 別 業 務	1,500	1,000
輸　　　出	430	380
輸 入 ・ 投 資	750	550
事 業 開 発 等	70	20
出　　　資	250	50
合　　　計	26,500	23,000

この計画に必要な資金として、財政投融資19,720億円を予定するほか、自己資金等6,780億円を見込んでいる。

なお、自己資金等のうち、財投機関債として200億円を見込んでいる。

資金調達の内訳は、次のとおりである。

	5年度(億円)	4年度(億円)
財 政 投 融 資	19,720	16,060
財政融資資金借入金	9,810	4,010
財政投融資特別会計投資勘定出資金	900	850
政 府 保 証 外 債	8,610	10,800
政府保証外貨借入金	400	400
自 己 資 金 等	6,780	6,940
財 投 機 関 債	200	200
回 収 金 等	6,580	6,740
合　　　計	26,500	23,000

(注)　4年度において、財政投融資3,000億円の追加を行った。

（4）　独立行政法人国際協力機構

	5年度(億円)	4年度(億円)
財 政 投 融 資	12,686	6,417

この機構は、開発途上にある海外の地域（以下「開発途上地域」という。）に対する技術協力の実施、有償及び無償の資金供与による協力の実施並びに開発途上地域の住民を対象とする国民等の協力活動の促進に必要な業務等を行い、もってこれらの地域の経済及び社会の開発若しくは復興又は経済の安定に寄与することを通じて、国際協力の促進並びに我が国及び国際経済社会の健全な発展に資することを目的としている。

この機構において、財政投融資の対象となっているのは、開発途上地域の政府等に対して有償の資金供与による協力の実施等を行う有償資金協力業務である。

5年度においては、円借款及び海外投融資の戦略的活用等を図ることとし、総額18,940億円（4年度14,200億円）の出融資規模を計上している。

事業計画の内訳は、次のとおりである。

	5年度(億円)	4年度(億円)
直 接 借 款	17,685	13,300
海 外 投 融 資	1,255	900
合　　　計	18,940	14,200

この計画に必要な資金として、財政投融資12,686億円を予定するほか、自己資金等6,254億円を見込んでいる。

なお、自己資金等のうち、財投機関債として800億円を見込んでいる。

資金調達の内訳は、次のとおりである。

	5年度(億円)	4年度(億円)
財 政 投 融 資	12,686	6,417
財政融資資金借入金	10,431	5,237
政 府 保 証 外 債	2,255	1,180
自 己 資 金 等	6,254	7,783
財 投 機 関 債	800	800
一 般 会 計 出 資 金	478	471
回 収 金 等	4,976	6,512
合　　　計	18,940	14,200

(注)　4年度において、財政投融資5,010億円の追加を行った。

3　独立行政法人等
（1）　全国土地改良事業団体連合会

	5年度(億円)	4年度(億円)
財 政 投 融 資	13	9

この連合会は、土地改良事業を行う者の協同

組織により、土地改良事業の適切かつ効率的な運営を確保し、及びその共同の利益を増進することを目的としている。

この連合会において、財政投融資の対象となっているのは、「土地改良法」（昭24法195）に基づき実施する都道府県土地改良事業団体連合会への資金交付事業のうち、土地改良区等が土地改良施設維持管理適正化事業として実施する小規模な防災重点農業用ため池、用排水路、用排水機等の土地改良施設に係る防災・減災、省エネ化・再エネ利用及び省力化に向けた整備を推進する防災減災機能等強化事業に充てるための資金交付事業である。

5年度においては、土地改良区等が防災減災機能等強化事業として実施する小規模な防災重点農業用ため池及び用排水路等の施設整備、用排水機場のエネルギー効率を高めるためのポンプ及び施設の遠隔監視・制御のためのICT機器や水管理システム等の設備整備を推進することとし、30億円（4年度18億円）の事業費を計上している。

これに必要な資金として、財政投融資13億円を予定するほか、自己資金等17億円を見込んでいる。

資金調達の内訳は、次のとおりである。

	5年度（億円）	4年度（億円）
財 政 投 融 資	13	9
財政融資資金借入金	13	9
自 己 資 金 等	17	9
一般会計補助金	15	9
そ の 他	2	0
合 　計	30	18

（2）　日本私立学校振興・共済事業団

	5年度（億円）	4年度（億円）
財 政 投 融 資	272	221

この事業団は、私立学校の教育の充実及び向上並びにその経営の安定並びに私立学校教職員の福利厚生を図るため、補助金の交付、資金の貸付けその他私立学校教育に対する援助に必要な業務を総合的かつ効率的に行うとともに、「私立学校教職員共済法」（昭28法245）の規定による共済制度を運営し、もって私立学校教育の振興に資することを目的としている。

この事業団において、財政投融資の対象となっているのは、私立学校の施設の充実及び経営の安定を図るための施設整備等に必要な資金の貸付けを行う事業である。

5年度においては、老朽施設の建替えやデジタル・グリーン等の成長分野をけん引する高度専門人材の育成に向けた大学の学部再編など、私立学校の施設整備等に必要な資金需要に的確に対応することとし、総額575億円（4年度570億円）の貸付規模を計上している。

貸付計画の内訳は、次のとおりである。

	5年度（億円）	4年度（億円）
一 般 施 設 費	403	403
教育環境整備費	102	43
災害・公害対策費	4	4
特 別 施 設 費	66	120
合 　計	575	570

この計画に必要な資金として、財政投融資272億円を予定するほか、自己資金等303億円を見込んでいる。

資金調達の内訳は、次のとおりである。

	5年度（億円）	4年度（億円）
財 政 投 融 資	272	221
財政融資資金借入金	272	221
自 己 資 金 等	303	349
厚生年金勘定より借入	193	293
回 収 金 等	110	56
合 　計	575	570

（3）　独立行政法人日本学生支援機構

	5年度（億円）	4年度（億円）
財 政 投 融 資	5,881	5,849

この機構は、教育の機会均等に寄与するために学資の貸与及び支給その他学生等の修学の援助を行い、大学等が学生等に対して行う修学、進路選択その他の事項に関する相談及び指導について支援を行うとともに、留学生交流の推進を図るための事業を行うことにより、我が国の大学等において学ぶ学生等に対する適切な修学の環境を整備し、もって次代の社会を担う豊かな人間性を備えた創造的な人材の育成に資するとともに、国際相互理解の増進に寄与すること

を目的としている。

　この機構において、財政投融資の対象となっているのは、有利子等貸与事業である。

　5年度においては、進学意欲のある学生等に対し、貸付規模として所要の額を確保することとし、大学、短期大学、高等専門学校、大学院及び専修学校専門課程の学生等を対象に、総額5,950億円（4年度6,208億円）の貸付規模を計上している。

　これに必要な資金として、財政投融資5,881億円を予定するほか、自己資金等69億円を見込んでいる。

　なお、自己資金等のうち、財投機関債として1,200億円を見込んでいる。

　資金調達の内訳は、次のとおりである。

	5年度(億円)	4年度(億円)
財 政 投 融 資	5,881	5,849
財政融資資金借入金	5,881	5,849
自 己 資 金 等	69	359
財 投 機 関 債	1,200	1,200
民 間 借 入 金	1,510	1,681
借入金償還等	△　2,642	△　2,522
合　　　　計	5,950	6,208

（4）　独立行政法人福祉医療機構

	5年度(億円)	4年度(億円)
財 政 投 融 資	2,642	8,565

　この機構は、社会福祉事業施設及び病院、診療所等の設置等に必要な資金の融通並びにこれらの施設に関する経営指導、社会福祉事業に関する必要な助成、社会福祉施設職員等退職手当共済制度の運営、心身障害者扶養保険事業等を行い、もって福祉の増進並びに医療の普及及び向上を図ることを目的としている。

　この機構において、財政投融資の対象となっているのは、社会福祉事業施設の設置等に必要な資金の融通（福祉貸付）及び病院、診療所、介護老人保健施設等の設置等に必要な資金の融通（医療貸付）を行う事業である。

　5年度においては、福祉医療サービスの基盤強化の観点から、児童福祉施設、老人福祉施設及び医療関連施設の整備等の資金需要に的確に対応するとともに、新型コロナウイルス感染症

等の影響を受けた福祉・医療事業者の資金繰り支援のために必要な資金を確保することとし、総額3,301億円（4年度8,686億円）の貸付規模を計上している。

　貸付計画（契約ベース）の内訳は、次のとおりである。

	5年度(億円)	4年度(億円)
福 祉 貸 付	1,888	4,374
医 療 貸 付	1,413	4,312
合　　　計	3,301	8,686

　この計画のうち、2,838億円が5年度中に貸し付けられる予定であり、これに3年度及び4年度の計画のうち、5年度に資金交付が行われる予定となっている337億円を加えると、5年度の資金交付額は3,175億円（4年度8,772億円）となる。

　この資金交付に必要な資金として、財政投融資2,642億円を予定するほか、自己資金等533億円を見込んでいる。

　なお、自己資金等のうち、財投機関債として200億円を見込んでいる。

　資金調達の内訳は、次のとおりである。

	5年度(億円)	4年度(億円)
財 政 投 融 資	2,642	8,565
財政融資資金借入金	2,642	8,565
自 己 資 金 等	533	207
財 投 機 関 債	200	200
回 収 金 等	333	7
合　　　　計	3,175	8,772

（5）　独立行政法人国立病院機構

	5年度(億円)	4年度(億円)
財 政 投 融 資	286	111

　この機構は、医療の提供、医療に関する調査及び研究並びに技術者の研修等の業務を行うことにより、国民の健康に重大な影響のある疾病に関する医療その他の医療であって、国の医療政策として機構が担うべきものの向上を図り、もって公衆衛生の向上及び増進に寄与することを目的としている。

　この機構において、財政投融資の対象となっているのは、施設又は設備の設置等に必要な施設整備費のうち、当該施設又は設備に係る収入

により、長期借入金等の償還見込みがある施設整備費である。

5年度においては、老朽建替整備、医療機械の充実等のための事業を推進することとし、総額360億円（4年度273億円）の事業費を計上している。

事業計画の内訳は、次のとおりである。

	5年度(億円)	4年度(億円)
施 設 整 備 費	74	162
設 備 整 備 費	286	111
合　　　計	360	273

この計画に必要な資金として、財政投融資286億円を予定するほか、自己資金等74億円を見込んでいる。

資金調達の内訳は、次のとおりである。

	5年度(億円)	4年度(億円)
財 政 投 融 資	286	111
財政融資資金借 　入金	286	111
自 己 資 金 等	74	162
業 務 収 入 等	74	162
合　　　計	360	273

（6）　国立研究開発法人国立成育医療研究センター

	5年度(億円)	4年度(億円)
財 政 投 融 資	9	10

このセンターは、母性及び父性並びに乳児及び幼児の難治疾患、生殖器疾患その他の疾患であって、児童が健やかに生まれ、かつ、成育するために特に治療を必要とするもの（以下「成育に係る疾患」という。）に係る医療に関し、調査、研究及び技術の開発並びにこれらの業務に密接に関連する医療の提供、技術者の研修等を行うことにより、国の医療政策として、成育に係る疾患に関する高度かつ専門的な医療の向上を図り、もって公衆衛生の向上及び増進に寄与することを目的としている。

このセンターにおいて、財政投融資の対象となっているのは、施設又は設備の設置等に必要な施設整備費のうち、当該施設又は設備に係る収入により、長期借入金等の償還見込みがある施設整備費である。

5年度においては、病院の施設の整備等を推進することとし、総額9億円（4年度10億円）の事業費を計上している。

事業計画の内訳は、次のとおりである。

	5年度(億円)	4年度(億円)
施 設 整 備 費	4	4
設 備 整 備 費	5	6
合　　　計	9	10

この計画に必要な資金として、財政投融資9億円を予定している。

資金調達の内訳は、次のとおりである。

	5年度(億円)	4年度(億円)
財 政 投 融 資	9	10
財政融資資金借 　入金	9	10

（7）　国立研究開発法人国立長寿医療研究センター

	5年度(億円)	4年度(億円)
財 政 投 融 資	2	2

このセンターは、加齢に伴って生ずる心身の変化及びそれに起因する疾患であって高齢者が自立した日常生活を営むために特に治療を必要とするもの（以下「加齢に伴う疾患」という。）に係る医療に関し、調査、研究及び技術の開発並びにこれらの業務に密接に関連する医療の提供、技術者の研修等を行うことにより、国の医療政策として、加齢に伴う疾患に関する高度かつ専門的な医療の向上を図り、もって公衆衛生の向上及び増進に寄与することを目的としている。

このセンターにおいて、財政投融資の対象となっているのは、施設又は設備の設置等に必要な施設整備費のうち、当該施設又は設備に係る収入により、長期借入金等の償還見込みがある施設整備費である。

5年度においては、病院の設備の整備を推進することとし、2億円（4年度2億円）の事業費を計上している。

これに必要な資金として、財政投融資2億円を予定している。

資金調達の内訳は、次のとおりである。

	5年度(億円)	4年度(億円)
財 政 投 融 資	2	2

| | 財政融資資金借入金 | 2 | 2 |

（8） 独立行政法人大学改革支援・学位授与機構

	5年度(億円)	4年度(億円)
財 政 投 融 資	758	511

　この機構は、大学等の教育研究活動の状況についての評価等を行うことにより、その教育研究水準の向上を図るとともに、国立大学法人等の施設の整備等に必要な資金の貸付け及び交付を行うことにより、その教育研究環境の整備充実を図り、あわせて、「学校教育法」(昭22法26)第104条第7項の規定による学位の授与を行うことにより、高等教育の段階における多様な学習の成果が適切に評価される社会の実現を図り、もって我が国の高等教育の発展に資することを目的としている。このほか、文部科学大臣が定める基本指針に基づいて学部等の設置その他組織の変更に関する助成金の交付を行うことにより、中長期的な人材の育成の観点から特に支援が必要と認められる分野における教育研究活動の展開を促進し、もって我が国社会の発展に寄与することを目的としている。

　この機構において、財政投融資の対象となっているのは、国立大学附属病院の施設の整備等に必要な資金の貸付けを行う事業である。

　5年度においては、国立大学附属病院の施設の整備等に必要な資金需要に的確に対応することとし、総額804億円(4年度556億円)の貸付規模を計上している。

　貸付計画の内訳は、次のとおりである。

	5年度(億円)	4年度(億円)
施 設 整 備 費	572	377
設 備 整 備 費	232	179
合　　　計	804	556

　この計画に必要な資金として、財政投融資758億円を予定するほか、自己資金等46億円を見込んでいる。

　なお、自己資金等のうち、財投機関債として50億円を見込んでいる。

　資金調達の内訳は、次のとおりである。

	5年度(億円)	4年度(億円)
財 政 投 融 資	758	511
財政融資資金借入金	758	511
自 己 資 金 等	46	45
財 投 機 関 債	50	50
借 入 金 償 還 等	△　4	△　5
合　　　計	804	556

（9） 独立行政法人鉄道建設・運輸施設整備支援機構

	5年度(億円)	4年度(億円)
財 政 投 融 資	451	2,401

　この機構は、鉄道の建設等に関する業務及び鉄道事業者、海上運送事業者等による運輸施設の整備を促進するための助成その他の支援に関する業務を総合的かつ効率的に行うことにより、輸送に対する国民の需要の高度化、多様化等に的確に対応した大量輸送機関を基幹とする輸送体系の確立並びにこれによる地域の振興並びに大都市の機能の維持及び増進を図り、もって国民経済の健全な発展と国民生活の向上に寄与することを目的としている。

　この機構において、財政投融資の対象となっているのは、鉄道建設等事業のうち民鉄線の建設に係る事業及び海外業務に係る事業に加え、船舶共有建造事業並びに地域公共交通出資等事業である。

　5年度においては、鉄道建設等事業については、海外の高速鉄道に関する調査、測量、設計、工事管理、試験及び研究を実施する者に対する出資を行うこととし、12億円(4年度31億円)を計上しており、このほか、管理費、業務外支出等1,897億円を含め、総額1,909億円(4年度2,110億円)の事業費を計上している。

　また、船舶共有建造事業については、中小企業が大半である内航海運事業者による良質な船舶建造等を促進することとし、総額318億円(4年度349億円)の事業費を計上している。

　このほか、地域公共交通出資等事業については、都市鉄道融資として地域公共交通利便増進事業に位置付けられた都市鉄道の整備を支援することとし、77億円(4年度2,011億円)の事業費を計上しているほか、物流施設融資として流通業務総合効率化事業を支援することとし、20億円(4年度4億円)の事業費を計上している。

さらに、「地域公共交通の活性化及び再生に関する法律」（平19法59）の改正による地域公共交通融資（仮称）として、交通ＤＸ・交通ＧＸに資する道路運送高度化事業を支援することとし、63億円の事業費を計上している。

事業計画の内訳は、次のとおりである。

	5年度(億円)	4年度(億円)
鉄道建設等事業	1,909	2,110
管理費、業務外支出等	1,897	2,079
海 外 業 務	12	31
出 資	12	31
船舶共有建造事業	318	349
旅客船建造費	132	137
貨物船建造費	187	212
地域公共交通出資等事業	160	2,015
地域公共交通出資等	—	0
都市鉄道融資	77	2,011
物流施設融資	20	4
地域公共交通融資(仮称)	63	—
合 計	2,388	4,474

この計画に必要な資金として、財政投融資451億円を予定するほか、自己資金等1,937億円を見込んでいる。

なお、自己資金等のうち、財投機関債として530億円を見込んでいる。

資金調達の内訳は、次のとおりである。

	5年度(億円)	4年度(億円)
財 政 投 融 資	451	2,401
財政融資資金借入金	439	2,370
財政投融資特別会計投資勘定出資金	12	31
自 己 資 金 等	1,937	2,073
財 投 機 関 債	530	800
民 間 借 入 金	207	309
そ の 他	1,200	964
合 計	2,388	4,474

(10)　独立行政法人住宅金融支援機構

	5年度(億円)	4年度(億円)
財 政 投 融 資	2,507	2,549

この機構は、一般の金融機関による住宅の建設等に必要な資金の融通を支援するための貸付債権の譲受け等の業務等を行うほか、一般の金融機関による融通を補完するための災害復興建築物の建設等に必要な資金の貸付けの業務を行うことにより、住宅の建設等に必要な資金の円滑かつ効率的な融通を図り、もって国民生活の安定と社会福祉の増進に寄与することを目的としている。

この機構において、財政投融資の対象となっているのは、証券化支援事業並びに住宅資金融通事業のうち災害復興住宅融資及び災害予防系融資である。

5年度においては、証券化支援事業については、民間金融機関による長期・固定金利の住宅ローンの支援・補完を目的とし、21,440億円（4年度21,733億円）の事業規模を計上している。また、住宅資金融通事業については、政策的に重要であり民間では対応が困難な分野に限定することとし、1,980億円（4年度2,024億円）の貸付規模を計上している。このうち、災害復興住宅融資については、東日本大震災により被害を受けた住宅の円滑な再建等にも資するため、282億円（4年度329億円）の貸付けを予定している。

事業計画（契約ベース）の内訳は、次のとおりである。

	5年度(億円)	4年度(億円)
証券化支援事業(買取型)	21,440	21,733
住宅資金融通事業	1,980	2,024
災 害 等	300	344
災害復興住宅	282	329
災害予防等	18	15
省 エ ネ 改 良	30	30
賃 貸 住 宅	1,080	1,080
密集市街地建替等	550	550
財 形 住 宅	20	20
合 計	23,420	23,757

(注)　東日本大震災に係る災害復興住宅の事業計画額75億円は、災害復興住宅の事業計画額の中に含まれている。

この証券化支援事業の計画のうち、19,584億円が5年度中に支払われる予定であり、これに

4年度の計画のうち、5年度に支払われる予定となっている2,919億円を加えると、5年度の支払額は22,503億円（4年度22,962億円）となる。また、住宅資金融通事業の計画のうち、587億円が5年度中に貸し付けられる予定であり、これに3年度及び4年度の計画のうち、5年度に資金交付が行われる予定となっている1,327億円を加えると、5年度の資金交付額は1,913億円（4年度1,952億円）となる。

この資金交付等に必要な資金として、財政投融資2,507億円を予定するほか、自己資金等21,909億円を見込んでいる。

なお、自己資金等のうち、財投機関債として21,745億円を見込んでいる。

資金調達の内訳は、次のとおりである。

	5年度(億円)	4年度(億円)
財 政 投 融 資	2,507	2,549
財政融資資金借入金	307	349
政府保証国内債	2,200	2,200
自 己 資 金 等	21,909	22,366
財 投 機 関 債	21,745	23,772
借 入 金 償 還 等	164	△ 1,406
合 　　　 計	24,416	24,915

（注）　4年度において、財政投融資200億円の追加を行った。

(11)　独立行政法人都市再生機構

	5年度(億円)	4年度(億円)
財 政 投 融 資	5,000	5,124

この機構は、機能的な都市活動及び豊かな都市生活を営む基盤の整備が社会経済情勢の変化に対応して十分に行われていない大都市及び地域社会の中心となる都市において、市街地の整備改善及び賃貸住宅の供給の支援に関する業務を行うことにより、社会経済情勢の変化に対応した都市機能の高度化及び居住環境の向上を通じてこれらの都市の再生を図るとともに、都市基盤整備公団から承継した賃貸住宅等の管理等に関する業務を行うことにより、良好な居住環境を備えた賃貸住宅の安定的な確保を図り、もって都市の健全な発展と国民生活の安定向上に寄与することを目的としている。

5年度においては、都市再生事業として、大

都市地域等の都市構造の再編等を目的とする都市機能更新事業、四大都市圏等の既成市街地における細分化土地や不整形地等の有効活用を図るための土地有効利用事業、大都市地域の既成市街地等において防災公園と周辺市街地の整備改善を一体的に行い都市の構造的な防災機能の強化を図るための防災公園街区整備事業並びに民間事業者による実施が困難な都市再生支援のための住宅の建設や良好な居住環境の形成等を図るため大都市圏の既成市街地等において住宅市街地の整備及び市街地再開発事業等を行う居住環境整備事業を実施することとしている。

また、賃貸住宅事業として、老朽化した賃貸住宅の建替え及び既存賃貸住宅ストックの有効活用を図るための増改築事業等を推進することとしている。

このほか、震災復興事業として、引き続き東日本大震災からの復興支援を行うこととし、総額1,433億円（4年度1,183億円）の事業費を計上している。

事業計画（契約ベース）の内訳は、次のとおりである。

	5年度(億円)	4年度(億円)
都 市 再 生 事 業	871	713
賃 貸 住 宅 事 業	558	468
震 災 復 興 事 業	4	2
合 　　　 計	1,433	1,183

この計画のうち、1,120億円が5年度中に支出される予定であり、これに2年度から4年度の計画のうち、5年度に支出が行われる予定である742億円を加えると、5年度の支出は1,862億円になる。さらに、管理・業務費、借入金及び債券償還等11,994億円を加えると、5年度の支出総額は13,856億円（4年度13,553億円）となる。

この支出に必要な資金として、財政投融資5,000億円を予定するほか、自己資金等8,856億円を見込んでいる。

なお、自己資金等のうち、財投機関債として1,100億円を見込んでいる。

資金調達の内訳は、次のとおりである。

	5 年度(億円)	4 年度(億円)
財 政 投 融 資	5,000	5,124
財政融資資金借入金	5,000	5,124
自 己 資 金 等	8,856	8,429
財 投 機 関 債	1,100	1,100
民 間 借 入 金	100	100
そ の 他	7,656	7,229
合 計	13,856	13,553

（12） 独立行政法人日本高速道路保有・債務返済機構

	5 年度(億円)	4 年度(億円)
財 政 投 融 資	12,530	3,200

　この機構は、高速道路に係る道路資産の保有並びに東日本高速道路株式会社、首都高速道路株式会社、中日本高速道路株式会社、西日本高速道路株式会社、阪神高速道路株式会社及び本州四国連絡高速道路株式会社(以下「会社」と総称する。)に対する貸付け、承継債務その他の高速道路の新設、改築等に係る債務の早期の確実な返済等の業務を行うことにより、高速道路に係る国民負担の軽減を図るとともに、会社による高速道路に関する事業の円滑な実施を支援することを目的としている。

　5 年度においては、承継債務の円滑な償還・利払い等を実施するため、債務返済費 36,166 億円を含め、総額 38,744 億円(4 年度 41,309 億円)の支出を予定している。

　支出の内訳は、次のとおりである。

	5 年度(億円)	4 年度(億円)
債 務 返 済 費	36,166	40,334
無 利 子 貸 付 金	57	50
一 般 管 理 費	13	13
そ の 他	2,508	912
合 計	38,744	41,309

　この支出等に必要な資金として、財政投融資 12,530 億円を予定するほか、自己資金等 26,214 億円を見込んでいる。

　なお、自己資金等のうち、財投機関債として 3,900 億円を見込んでいる。

　資金調達の内訳は、次のとおりである。

	5 年度(億円)	4 年度(億円)
財 政 投 融 資	12,530	3,200
財政融資資金借入金	—	2,000
政府保証国内債	12,530	1,200

	5 年度(億円)	4 年度(億円)
自 己 資 金 等	26,214	41,418
財 投 機 関 債	3,900	2,000
政 府 出 資 金	0	1
地方公共団体出資金	0	1
業 務 収 入	20,663	19,848
債務返済準備金	3,092	18,565
そ の 他 △	1,441	1,003
合 計	38,744	44,618

（13） 独立行政法人水資源機構

	5 年度(億円)	4 年度(億円)
財 政 投 融 資	4	14

　この機構は、「水資源開発促進法」(昭 36 法 217)の規定による水資源開発基本計画に基づく水資源の開発又は利用のための施設の改築等及び水資源開発施設等の管理等を行うことにより、産業の発展及び人口の集中に伴い用水を必要とする地域に対する水の安定的な供給の確保を図ることを目的としている。

　5 年度においては、利根川、淀川、筑後川、木曽川、吉野川、荒川及び豊川の各水系の水資源開発のため、ダム、用水路建設等の事業を行うこととし、総額 1,290 億円(4 年度 1,313 億円)の事業費を計上している。

　事業計画の内訳は、次のとおりである。

	5 年度(億円)	4 年度(億円)
ダム等建設事業費	319	343
用水路等建設事業費	143	160
そ の 他	828	810
合 計	1,290	1,313

　この計画に必要な資金として、財政投融資 4 億円を予定するほか、自己資金等 1,286 億円を見込んでいる。

　なお、自己資金等のうち、財投機関債として 100 億円を見込んでいる。

　資金調達の内訳は、次のとおりである。

	5 年度(億円)	4 年度(億円)
財 政 投 融 資	4	14
財政融資資金借入金	4	14
自 己 資 金 等	1,286	1,299
財 投 機 関 債	100	70
一 般 会 計 交 付 金	381	410

一般会計補助金	133	132
地方公共団体及び利水者負担金	314	299
その他	359	387
合計	1,290	1,313

(14) 国立研究開発法人森林研究・整備機構

	5年度(億円)	4年度(億円)
財政投融資	46	49

　この機構は、森林及び林業に関する試験及び研究、林木の優良な種苗の生産及び配布、水源をかん養するための森林の造成等を行うことにより、森林の保続培養を図るとともに、林業に関する技術の向上に寄与し、もって林業の振興と森林の有する公益的機能の維持増進に資することを目的としている。

　この機構において、財政投融資の対象となっているのは、水源をかん養するために行う水源林造成事業である。

　5年度においては、水源林造成事業を行うこととし、323億円（4年度319億円）の事業費を計上している。

　これに必要な資金として、財政投融資46億円を予定するほか、自己資金等277億円を見込んでいる。

　資金調達の内訳は、次のとおりである。

	5年度(億円)	4年度(億円)
財政投融資	46	49
財政融資資金借入金	46	49
自己資金等	277	270
一般会計出資金	95	96
一般会計補助金	157	156
東日本大震災復興特別会計補助金	2	2
その他	22	15
合計	323	319

(15) 独立行政法人エネルギー・金属鉱物資源機構

	5年度(億円)	4年度(億円)
財政投融資	1,396	549

　この機構は、石油及び可燃性天然ガス（以下「石油等」という。）の探鉱等、石炭の探鉱、水素の製造等、地熱の探査並びに金属鉱物の探鉱等に必要な資金の供給並びに風力の利用に必要な風の状況の調査その他石油及び可燃性天然ガス資源、石炭資源、水素資源、地熱資源、風力資源並びに金属鉱物資源の開発を促進するために必要な業務並びに石油及び金属鉱産物の備蓄に必要な業務を行い、もって石油等、石炭、水素、地熱、風力及び金属鉱産物の安定的かつ低廉な供給に資するとともに、金属鉱業等による鉱害の防止に必要な資金の貸付けその他の業務を行い、もって国民の健康の保護及び生活環境の保全並びに金属鉱業等の健全な発展に寄与することを目的としている。

　この機構において、財政投融資の対象となっているのは、天然ガスの開発等に係る出資事業、石炭及び地熱の探鉱等に係る出資事業及び開発に係る債務保証事業、水素等の製造等に係る出資・債務保証事業、二酸化炭素の貯蔵に係る出資・債務保証事業、金属鉱物の探鉱に係る出融資事業及び開発に係る出資・債務保証事業、共同石油備蓄会社に対する石油の備蓄の増強のための施設の設置に必要な資金の貸付事業並びに金属鉱業等による鉱害を防止するために必要な鉱害防止資金及び鉱害負担金資金の貸付事業である。

　5年度においては、資源の安定供給を確保する観点から、我が国企業の天然ガス、地熱及び金属鉱物に係る探鉱・開発事業等に対して出融資及び債務保証による支援等を行うこととし、総額2,199億円（4年度1,289億円）の事業費を計上している。

　事業計画の内訳は、次のとおりである。

	5年度(億円)	4年度(億円)
共同石油備蓄施設整備融資	1	―
天然ガス業務	1,270	411
資産・企業買収等出資	1,020	304
開発・液化出資	250	107
地熱業務	5	5
探査出資	5	5
金属鉱物業務	920	870
希少金属備蓄事業費	770	720
国内探鉱融資	7	7

	5 年度(億円)	4 年度(億円)
海外探鉱出融資	7	13
海外開発資金出資	136	130
鉱害防止融資	3	3
合　　　計	2,199	1,289

　この計画に必要な資金として、財政投融資1,396億円を予定するほか、自己資金等803億円を見込んでいる。

　資金調達の内訳は、次のとおりである。

	5 年度(億円)	4 年度(億円)
財 政 投 融 資	1,396	549
財政融資資金借入金	4	3
財政投融資特別会計投資勘定出資金	1,392	546
自 己 資 金 等	803	740
回 収 金 等	803	740
合　　　計	2,199	1,289

4　地方公共団体

　5年度の地方債計画は、引き続き厳しい地方財政の状況の下で、地方財源の不足に対処するための措置を講じ、また、地方公共団体が緊急に実施する防災・減災対策、公共施設等の適正管理、地域の脱炭素化、地域の活性化への取組等を着実に推進できるよう、所要の地方債資金の確保を図ることとして策定され、総額は94,994億円(4年度101,814億円)となっている。このうち、東日本大震災への対応として、公営住宅建設事業等の復旧・復興事業のため、13億円(4年度15億円)を計上している。

　地方債計画の主な内容は次のとおりである。
（28頁付表令和5年度地方債計画参照）

　一般会計債についてみると、その総額は56,694億円(4年度56,727億円)となっている。国庫補助事業や地域の実情に即した地方単独事業の実施等により、社会資本の整備を着実に推進することとし、所要額を確保している。

　公営企業債については、その総額は27,554億円(4年度26,482億円)となっている。上下水道、交通、病院等、住民生活に密接に関連した社会資本について、地方公営企業による整備を着実に推進することとし、所要額を確保している。

　通常収支に係る地方財源の不足に対処するため、「地方財政法」(昭23法109)第5条の特例となる臨時財政対策債9,946億円(4年度17,805億円)を計上している。

　財政投融資は、社会資本整備や災害復旧を中心に必要な資金需要に的確に対応することとしている。

　5年度においては、防災・減災に資する事業や更新時期を迎える公共施設等の効果的な改修・更新事業等に対応するなど、財政投融資24,238億円(4年度26,264億円)を予定している。

　なお、地方債計画の資金の内訳は、次のとおりである。

	5 年度(億円)	4 年度(億円)
財 政 融 資 資 金	24,238	26,264
地方公共団体金融機構資金	16,419	17,464
公 的 資 金 合 計	40,657	43,728
市 場 公 募	34,100	36,600
銀 行 等 引 受	20,237	21,486
民間等資金合計	54,337	58,086
合　　　計	94,994	101,814

（注）　4年度において、財政投融資7,645億円の追加を行った。

5　特 殊 会 社 等

（1）　株式会社脱炭素化支援機構

	5 年度(億円)	4 年度(億円)
財 政 投 融 資	400	200

　この機構は、温室効果ガスの排出の量の削減等を行う事業活動(他の者の温室効果ガスの排出の量の削減等に寄与する事業活動を含む。)及び当該事業活動を支援する事業活動に対し、資金供給その他の支援を行うことにより、地球温暖化の防止と我が国の経済社会の発展の統合的な推進を図りつつ脱炭素社会の実現に寄与することを目的としている。

　5年度においては、カーボンニュートラルの実現に欠かせない民間による自発的な事業活動をあらゆる分野で誘発するため、脱炭素化に資する事業活動への資金供給を的確に行うこととし、600億円(4年度240億円)の事業規模を計上している。

　これに必要な資金として、財政投融資400億

円を予定するほか、自己資金等200億円を見込んでいる。

資金調達の内訳は、次のとおりである。

	5年度(億円)	4年度(億円)
財 政 投 融 資	400	200
財政投融資特別会計投資勘定出資金	400	200
自 己 資 金 等	200	40
合　　　計	600	240

（2）　株式会社日本政策投資銀行

	5年度(億円)	4年度(億円)
財 政 投 融 資	6,900	7,000

この銀行は、その完全民営化の実現に向けて経営の自主性を確保しつつ、出資と融資を一体的に行う手法その他高度な金融上の手法を用いた業務を営むことにより長期の事業資金に係る投融資機能の根幹を維持し、もって長期の事業資金を必要とする者に対する資金供給の円滑化及び金融機能の高度化に寄与することを目的としている。

5年度においては、「人への投資」を促す取組（人的資本に関する非財務情報を活用した評価認証型融資）やトランジションを含む脱炭素社会の実現に資する企業等の取組等を支援するとともに、特定投資業務においては、スタートアップやベンチャーキャピタルへの資金供給をはじめとした企業の競争力強化や地域活性化の実現に向けた資本性資金を供給することとし、総額24,800億円（4年度25,900億円）の出融資規模を計上している。

これに必要な資金として、財政投融資6,900億円を予定するほか、自己資金等17,900億円を見込んでいる。

なお、自己資金等のうち、財投機関債として6,400億円を見込んでいる。

資金調達の内訳は、次のとおりである。

	5年度(億円)	4年度(億円)
財 政 投 融 資	6,900	7,000
財政融資資金借入金	3,000	3,000
財政投融資特別会計投資勘定出資金	400	500
政府保証国内債	1,300	1,300

政 府 保 証 外 債	2,200	2,200
自 己 資 金 等	17,900	18,900
財 投 機 関 債	6,400	6,300
民 間 借 入 金	2,800	2,800
回 収 金 等	8,700	9,800
合　　　計	24,800	25,900

(注)　1　「株式会社日本政策投資銀行法」(平19法85)に基づき、完全民営化までの移行期間内に限り財政融資資金借入を行うことができることとされている。

　　　2　4年度において、財政投融資2,000億円の追加を行った。

（3）　一般財団法人民間都市開発推進機構

	5年度(億円)	4年度(億円)
財 政 投 融 資	350	350

この機構は、「民間都市開発の推進に関する特別措置法」(昭62法62)に基づき指定された民間都市開発推進機構であり、民間都市開発事業の推進を目的とするものである。

この機構において、財政投融資の対象となっているのは、「都市再生特別措置法」(平14法22)に基づく都市再生緊急整備地域等における優良な都市開発プロジェクトの事業化を促進するため、特に民間では調達が困難なミドルリスク資金供給の円滑化を図ることを目的として実施するメザニン支援業務である。

5年度においては、メザニン支援業務として、民間都市再生事業計画の認定を受けた者（以下「認定事業者」という。）等に対する貸付け又は認定事業者等が発行する社債の取得を実施することとし、総額450億円（4年度450億円）の事業規模を計上している。

これに必要な資金として、財政投融資350億円を予定するほか、自己資金等100億円を見込んでいる。

資金調達の内訳は、次のとおりである。

	5年度(億円)	4年度(億円)
財 政 投 融 資	350	350
政府保証国内債	350	350
自 己 資 金 等	100	100
合　　　計	450	450

（4）　中部国際空港株式会社

	5年度(億円)	4年度(億円)
財 政 投 融 資	161	231

この会社は、「中部国際空港の設置及び管理に関する法律」（平10法36）に基づき指定された法人であり、中部国際空港の設置及び管理を行うこと等を目的としている。

5年度においては、空港建設事業に係る債務の円滑な償還等を実施するため、総額318億円（4年度286億円）の支出を予定している。

これに必要な資金として、財政投融資161億円を予定するほか、自己資金等157億円を見込んでいる。

資金調達の内訳は、次のとおりである。

	5年度(億円)	4年度(億円)
財 政 投 融 資	161	231
政府保証国内債	161	231
自 己 資 金 等	157	55
財 投 機 関 債	97	50
そ 　の 　他	60	5
合 　　　　計	318	286

（5） 株式会社民間資金等活用事業推進機構

	5年度(億円)	4年度(億円)
財 政 投 融 資	500	500

この機構は、国及び地方公共団体の厳しい財政状況を踏まえつつ、我が国経済の成長の促進に寄与する観点から、公共施設等の整備等における民間の資金、経営能力及び技術的能力の活用が一層重要となっていることに鑑み、選定事業であって、利用料金を徴収する公共施設等の整備等を行い、利用料金を自らの収入として収受するもの（以下「特定選定事業」という。）等を実施する者に対し、金融機関が行う金融及び民間の投資を補完するための資金の供給を行うことにより、特定選定事業に係る資金を調達することができる資本市場の整備を促進すること等を目的としている。

5年度においては、地域におけるPFI事業を積極的に推進することとし、総額800億円（4年度800億円）の出融資規模を計上している。

これに必要な資金として、財政投融資500億円を予定するほか、自己資金等300億円を見込んでいる。

資金調達の内訳は、次のとおりである。

	5年度(億円)	4年度(億円)
財 政 投 融 資	500	500
政府保証国内債	500	500
自 己 資 金 等	300	300
合 　　　　計	800	800

（6） 株式会社海外需要開拓支援機構

	5年度(億円)	4年度(億円)
財 政 投 融 資	80	90

この機構は、我が国の生活文化の特色を生かした魅力ある商品又は役務の海外における需要の開拓を行う事業活動及び当該事業活動を支援する事業活動（以下「対象事業活動」という。）に対し資金供給その他の支援等を行うことにより、対象事業活動の促進を図り、もって当該商品又は役務の海外における需要及び供給の拡大を通じて我が国経済の持続的な成長に資することを目的としている。

5年度においては、クールジャパンの推進に取り組む事業者を支援するため、対象事業活動に対する資金供給を行うこととし、280億円（4年度290億円）の事業規模を計上している。

これに必要な資金として、財政投融資80億円を予定するほか、自己資金等200億円を見込んでいる。

資金調達の内訳は、次のとおりである。

	5年度(億円)	4年度(億円)
財 政 投 融 資	80	90
財政投融資特別 　会計投資勘定出 　資金	80	90
自 己 資 金 等	200	200
合 　　　　計	280	290

（7） 株式会社海外交通・都市開発事業支援機構

	5年度(億円)	4年度(億円)
財 政 投 融 資	1,087	1,169

この機構は、海外における交通事業及び都市開発事業について、当該市場の継続的な成長発展が見込まれる一方で、これらの事業が投資の回収に相当期間を要するとともに事業環境の変化により収益の発生に不確実な要素を有していることを踏まえつつ、我が国に蓄積された知識、技術及び経験を活用して海外においてこれらの事業を行う者等に対し資金の供給、専門家

の派遣その他の支援を行うことにより、我が国事業者の当該市場への参入の促進を図り、もって我が国経済の持続的な成長に寄与することを目的としている。

5年度においては、海外の港湾施設の整備・運営や都市開発等に係る出資を行うこととし、1,138億円（4年度1,227億円）の事業規模を計上している。

これに必要な資金として、財政投融資1,087億円を予定するほか、自己資金等51億円を見込んでいる。

資金調達の内訳は、次のとおりである。

	5年度(億円)	4年度(億円)
財 政 投 融 資	1,087	1,169
財政投融資特別会計投資勘定出資金	512	580
政府保証国内債	575	589
自 己 資 金 等	51	58
合　　　　計	1,138	1,227

（8）　株式会社海外通信・放送・郵便事業支援機構

	5年度(億円)	4年度(億円)
財 政 投 融 資	453	405

この機構は、我が国の事業者に蓄積された知識、技術及び経験を活用して海外において通信・放送・郵便事業を行う者等に対し資金供給その他の支援を行うことにより、我が国及び海外における通信・放送・郵便事業に共通する需要の拡大を通じ、当該需要に応ずる我が国の事業者の収益性の向上等を図り、もって我が国経済の持続的な成長に寄与することを目的としている。

5年度においては、海外のデジタルインフラの整備・運営やICTサービス事業等に係る出資を行うこととし、453億円（4年度405億円）の事業規模を計上している。

これに必要な資金として、財政投融資453億円を予定している。

資金調達の内訳は、次のとおりである。

	5年度(億円)	4年度(億円)
財 政 投 融 資	453	405
財政投融資特別会計投資勘定出資金	244	250
政府保証国内債	209	155
合　　　　計	453	405

令 和 5 年 度 地 方 債 計 画

（単位　億円）

項　　目	5年度計画	4年度計画
一　一 般 会 計 債		
1　公 共 事 業 等	15,889	15,905
2　公営住宅建設事業	1,097	1,098
3　災 害 復 旧 事 業	1,127	1,128
4　教育・福祉施設等整備事業	4,108	3,707
（1）学校教育施設等	1,682	1,454
（2）社 会 福 祉 施 設	367	367
（3）一 般 廃 棄 物 処 理	981	807
（4）一 般 補 助 施 設 等	541	542
（5）施設（一般財源化分）	537	537
5　一 般 単 独 事 業	27,388	28,014
（1）　　　一　　　般	2,486	2,412
（2）地 域 活 性 化	690	690
（3）防 災 対 策	871	871
（4）地 方 道 路 等	3,221	3,221
（5）旧 合 併 特 例	4,800	5,500
（6）緊 急 防 災・減 災	5,000	5,000
（7）公共施設等適正管理	4,320	5,220
（8）緊急自然災害防止対策	4,000	4,000
（9）緊 急 浚 渫 推 進	1,100	1,100
（10）脱 炭 素 化 推 進	900	─
6　辺地及び過疎対策事業	5,940	5,730
（1）辺 地 対 策	540	530
（2）過 疎 対 策	5,400	5,200
7　公共用地先行取得等事業	345	345
8　行 政 改 革 推 進	700	700
9　調　　　　整	100	100
計	56,694	56,727
二　公 営 企 業 債		
1　水 道 事 業	6,038	5,571
2　工 業 用 水 道 事 業	297	300
3　交 通 事 業	1,719	1,963
4　電気事業・ガス事業	333	288
5　港 湾 整 備 事 業	619	689
6　病院事業・介護サービス事業	4,598	4,193
7　市場事業・と畜場事業	287	379
8　地 域 開 発 事 業	919	840
9　下 水 道 事 業	12,649	12,181
10　観 光 そ の 他 事 業	95	78
計	27,554	26,482
合　　　計	84,248	83,209
三　臨 時 財 政 対 策 債	9,946	17,805
四　退 職 手 当 債	800	800
五　国の予算等貸付金債	(266)	(335)
総　　　　　計	(266)　94,994	(335)　101,814
普 通 会 計 分	68,172	76,086
公営企業会計等分	26,822	25,728
（資 金 区 分）		
公 的 資 金	40,657	43,728
財 政 融 資 資 金	24,238	26,264
地方公共団体金融機構資金	16,419	17,464
（国の予算等貸付金）	(266)	(335)
民 間 等 資 金	54,337	58,086
市 場 公 募	34,100	36,600
銀 行 等 引 受	20,237	21,486

その他同意等の見込まれる項目
　1　防災・減災、国土強靱化のための5か年加速化対策事業に係る地方負担額に対して発行する防災・減災・国土強靱化緊急対策事業債
　2　地方税等の減収が生じることとなる場合において発行する減収補填債
　3　公営企業の資金不足額が発生又は拡大することとなる場合において発行する特別減収対策企業債
　4　財政再生団体が発行する再生振替特例債
　5　資金区分の変更等を行う場合において発行する借換債
　6　東日本大震災復興特別会計予算に係る国庫支出金を受けて事業を実施する場合に発行する一般補助施設整備等事業債
　7　東日本大震災復興特別会計予算に係る国庫支出金を受けて事業を実施する場合に発行する公営企業債
　8　公営企業の事業区分において発行する震災減収対策企業債
（備考）
　国の予算等貸付金債の（　）書は、災害援護資金貸付金などの国の予算等に基づく貸付金を財源とするものであって外書である。